Ute Clement   Klaus Kräft

Lernen organisieren

Medien, Module, Konzepte

Mit 11 Abbildungen

Springer

Dr. Ute Clement
Universität Karlsruhe
Institut für Berufspädagogik
76128 Karlsruhe

Klaus Kräft
ICM Team Training GmbH
Sickingenstraße 39
69126 Heidelberg

ISSN 1439-3107
ISBN 978-3-642-62559-6

Die Deutsche Bibliothek – CIP-Einheitsaufnahme
Clement, Ute: Lernen organisieren: Medien, Module, Konzepte/Ute Clement;
Klaus Kräft. – Berlin; Heidelberg; New York; Barcelona; Hongkong; London;
Mailand; Paris; Tokio: Springer, 2002
(X.media.press)
ISBN 978-3-642-62559-6   ISBN 978-3-642-56235-8 (eBook)
DOI 10.1007/978-3-642-56235-8

http://www.springer.de

Umschlaggestaltung: KünkelLopka, Heidelberg
Satz: Datenaufbereitung perform, Heidelberg
Gedruckt auf säurefreiem Papier   SPIN: 10789698   33/3142 GF   543210

Vorwort

Lernen – zumindest wenn es Erwachsene betrifft – findet immer weniger in Klassenzimmern oder Seminarräumen statt. Viele Menschen ziehen es heute vor, ihre Weiterbildungsvorhaben unabhängig von festen Termin- und Raumvorgaben zu verfolgen. Sie belegen Kurse an Fernlehreinrichtungen, kaufen sich instruktive CD-ROMs oder bilden sich mit webbasierten Lernangeboten weiter. Auch traditionelle Bildungseinrichtungen wie Universitäten und Schulen setzen zunehmend auf dezentrale, individualisierte Lehr-/Lernformen per Computer und Internet.

Das selbstgesteuerte Lernen hat Konjunktur – nicht nur bei den Bildungseinrichtungen und -nachfragern, sondern auch in der pädagogischen Diskussion. Dennoch fühlen sich Autorinnen und Autoren von Fernlehrbriefen, CD-ROMs oder e-learning-Angeboten, kurz: von Selbst-Lernmaterialien, mitunter etwas alleingelassen. Bei allem theoretischen Interesse, welches das Selbst-Lernen in den letzten Jahren geweckt hat, finden sie doch nur selten konkrete Hinweise darauf, wie sie denn bei der Konfektionierung und Gestaltung ihrer Lehr-/Lernmaterialien didaktisch begründet vorgehen könnten. Wie lassen sich Inhalte didaktisch richtig auswählen und aufbereiten? Wie können einzelne Lernangebote zugeschnitten und zu anderen Modulen in Beziehung gesetzt werden? Welche Schritte und welche Regeln sind bei der Gestaltung von Lehr-/Lernmaterialien zu beachten?

Gerade die Autorinnen und Autoren von Selbst-Lernmaterialien benötigen unserer Erfahrung nach methodische und didaktische Hilfestellungen, bringen sie doch in der Regel vor allem den nötigen fachlichen Hintergrund, nicht aber die ebenso erforderlichen pädagogischen Qualifikationen mit ein. Denjenigen Personenkreisen, die in Bildungseinrichtungen, Universitäten oder Multimedia-Projekten mit der Erstellung von Selbst-Lernmaterialien betraut sind, und nach einem didaktisch-methodisch fundierten, aber dennoch konkret umsetzbaren Konzept suchen, möchten wir mit diesem Buch weiterhelfen.

Wir bieten Ihnen hier ein Rezept zur inhaltlichen Strukturierung und methodischen Gestaltung von Selbst-Lernprogrammen an – wohl wissend, wie problematisch Rezepte gerade im Bildungsbereich sind, in dem jede Situation besonders, jede Zielgruppe und jeder Inhalt speziell sind. Wenn wir Ihnen hier dennoch unser Rezeptwissen zumuten, so tun wir dies aus drei Gründen: Erstens weil uns bewusst ist, dass vielen Autorinnen und Autoren von Selbst-Lernmaterialien an konkret umsetzbaren Hinweisen deutlich mehr gelegen ist als an wissenschaftlich wasserdichten Theoriedebatten, zweitens weil wir uns gleichwohl bemüht haben, unser Konzept in den ersten Kapiteln dieses Buches auch theoretisch zu begründen und drittens weil wir darauf vertrauen, dass Sie als Leserin und Leser dieses Buches jeden einzelnen unserer Vorschläge kritisch prüfen und für Ihre eigenen Belange zurechtschneiden und modifizieren, bevor Sie ihn in der Praxis anwenden!

Dieses Buch enthält also zum einen theoretisch begründete Überlegungen zur Didaktik von Selbst-Lernmaterialien, die vor allem von Ute Clement stammen, und zum anderen Tipps zur Umsetzung und Praxisbeispiele, die Klaus Kräft beigesteuert hat. Die Praxiskapitel enthalten sowohl Hintergrundinformationen und allgemeine Überlegungen zum jeweiligen Handlungsschritt, als auch praktische Hinweise, Leitfragen und Tipps zum konkreten Vorgehen. Auf diese Weise hoffen wir, Ihnen einen theoretisch fundierten und dennoch praktisch hilfreichen Leitfaden zur inhaltlichen Strukturierung und methodischen Gestaltung von Selbst-Lernmaterialien anbieten zu können!

Im Januar 2002

Ute Clement
Klaus Kräft

Inhaltsverzeichnis

1 Einleitung

Lebenslang soll gelernt werden, so wird uns allerorten nahe gelegt, flexibel und jeweils an aktuellen und zukünftigen Herausforderungen orientiert. Lernen als das zentrale Thema einer Lebensphase ist nicht mehr auf die beiden ersten Lebensjahrzehnte begrenzt. Sowohl beruflich relevante Kenntnisse und Fertigkeiten als auch die eigene Persönlichkeits- und Allgemeinbildung sollen vielmehr über das gesamte Leben hin kontinuierlich aktualisiert, vervollkommnet und entwickelt werden.

Doch das Leben Erwachsener ist auch durch eine Vielzahl anderer, privater und geschäftlicher Verpflichtungen geprägt, die es mit einem kontinuierlich gewordenen Weiterlernen abzustimmen gilt. Studierende sind in weit stärkerem Maße als früher darauf angewiesen, auch während des Studiums einer Erwerbstätigkeit nachzugehen. In der Produktion haben Rationalisierungsprozesse in vielen Betrieben zu einem effizienzorientierten Zeitmanagement geführt, das den zeitlichen Spielraum für Weiterbildung einschränkt. Auch das Privatleben ist häufig verplant und zwar schon dadurch, dass Berufstätige nicht mehr selbstverständlich über Partnerinnen (bzw. in seltenen Fällen Partner) an der „Familienfront" verfügen, die sie von familiären Verpflichtungen so weit entbinden würden, dass wochen- oder monatelange Aus-Zeiten für den Besuch von Bildungsveranstaltungen möglich wären.

Der (Weiter-) Bildungsmarkt hat sich diesen veränderten Randbedingungen anzupassen. Flexibilität in Bezug auf Ort und Zeit sowie ein individuelles Lehr-/Lernarrangement je nach Möglichkeiten der Lernenden sind vonnöten, will man erwachsene Lernende tatsächlich erreichen.

Und noch ein weiteres Argument spricht für eine stärkere organisatorische Flexibilisierung und Individualisierung der Bildung: Inhaltlich haben sich nämlich die Qualifikationsanforderungen so stark spezialisiert, dass standardisierte Bildungsinhalte immer seltener der Nachfrage entsprechen. Schon Studierende sind spätestens im Hauptstudium darauf bedacht, möglichst ‚arbeitsmarktgängige' Spezialkenntnisse zu erwerben. Mitarbeiter und Mitarbeiterinnen qualifizieren sich *just in time* oder versuchen, Bedarfslücken rasch und vorausschauend zu nutzen. In beiden Fällen sind formalisierte Bildungsangebote „von der Stange" eher unattraktiv.

Selbst-Lernformen, also solche Bildungsangebote, die zeit- und ortsunabhängig etwa mittels Studienbriefen, Lern-CDs oder Internetangeboten genutzt werden, können gerade für Studium und Weiterbildung hilfreiche Alternativen bieten. Selbst-Lernen lässt sich einerseits flexibler mit anderen Lebensbereichen und Anforderungen abstimmen, andererseits können durch die räumliche Unabhängigkeit des Lehrangebotes auch für spezialisierte Themenbereiche ausreichend viele Interessentinnen und Interessenten gefunden werden. Selbst-Lernprogramme nehmen daher in der Weiterbildung insbesondere großer Unternehmen einen immer größeren Raum ein.

Das Lernen ohne feste Bezugsgruppe will jedoch auch gelernt sein. Es stellt Anforderungen an die Lernenden, die über die ganz offensichtlichen Schwierigkeiten wie Durchhaltevermögen oder Selbstdisziplin weit hinausgehen und auch metakognitive Kompetenzen wie die Fähigkeit zur Strukturierung des Lernstoffs, zum systematischen Arbeiten oder zur eigenständigen Analyse mit betreffen.

Und auch die Kompetenz zum Lehren in Selbst-Lernkontexten, d.h. zur Konzeption und Entwicklung von Selbst-Lernprogrammen sowie zur Begleitung des Lernprozesses ergibt sich nicht bruchlos aus den Lehrerfahrungen und Routinen in Präsenzveranstaltungen. Selbst-Lernende verhalten sich z.T. anders als gewohnt: Sie sind der unmittelbaren Kontrolle der Lehrenden ein Stück weit entzogen. Sie erstatten seltener Rückmeldung über ihre Fortschritte, so dass Lehrende mitunter kaum einzuschätzen vermögen, wer was auf welche Weise gelernt hat. Sie sind häufig besonders motiviert und zielstrebig, brechen aber dennoch zu einem hohen Prozentsatz den Lernprozess wieder ab. Sie verfügen als Erwachsene über eigene, umfangreiche Erfahrungen, doch werden diese Kenntnisse in der Lernsituation nicht mit anderen geteilt und bleiben damit für die anderen Mitglieder der Lerngruppe meist unfruchtbar.

Die Erstellung von Selbst-Lernmaterial macht daher eigene didaktische Überlegungen notwendig, die sich zum Teil aus der Fernstudiendidaktik, zum Teil aber auch aus neueren Ansätzen der Multimedia-Didaktik entwickeln lassen.

Dieses Buch soll Sie bei der Planung und Gestaltung von Lehrmaterialen und Selbst-Lernszenarien unterstützen. Über die didaktisch-methodischen Handlungsempfehlungen hinaus beziehen wir auch betriebswirtschaftlich-organisatorische Bedingungen der Entwicklung von Lehrmaterialien in unsere Überlegungen mit ein. Betriebswirtschaftliche und didaktische Ziele überschneiden sich besonders bei der Entscheidungsfindung und Konzeptionierung von Lernprogrammen. Die Frage, welche Programme unter welchen Bedingungen von der Zielgruppe angenommen bzw. gekauft[1] werden, wirkt in die Konzeptionierung der Programme und auch in das eigentliche Lernen hinein und kann daher nicht vernachlässigt werden. Auch wenn eine solche Argumentation der Sichtweise vieler Pädagogen zuwider laufen mag, so halten wir sie doch angesichts der Bedingungen eines modernen Bildungsmarktes für angemessen und sinnvoll.

Dieses Buch beschäftigt sich vor allem mit der pädagogischen Sicht auf die Planung und Durchführung von Selbst-Lernprozessen. Design- und programmiertechnische Aspekte werden nur am Rande behandelt. Uns geht es vor allem darum, Ihnen einige pädagogisch begründete Hilfestellungen bei der Planung und Gestaltung von Selbst-Lernangeboten an die Hand zu geben.

Unser Augenmerk liegt dabei besonders auf dem Bereich Selbst-Lernen mit Neuen Medien. Wir haben den Eindruck, dass in diesem Bereich zwar umfangreiche Literatur über die theoretische Einordnung der Multimedia-Didaktik und ihre allgemeinen Perspektiven vorliegt, dass gleichzeitig jedoch diejenigen, die konkret mit der Entwicklung von multimedialen Lerneinheiten betraut sind, nur sehr wenig Unterstützung erfahren. Am ehesten lassen sich noch Hinweise auf die technische Gestaltung und das Design finden, doch die Suche nach praxisbezogenen Empfehlungen aus der Pädagogik und Didaktik für die (ja in der Regel aus anderen Disziplinen stammenden) Entwicklerinnen und Entwickler bleibt oft vergeblich. Unter Umständen resultiert dieser Mangel mindestens teilweise aus einer Zurückhaltung dieser sich als geisteswissenschaftlich verstehenden Disziplin, werden doch entsprechende Ratschläge von akademischer Seite oft als „Rezeptwissen" abqualifiziert.

Letztgültige Antworten auf didaktische Fragen sind bei diesem komplexen, stark von persönlichen Einstellungen, Stärken und Stilen bestimmten Thema auch nicht zu erwarten. Eine Bereitstellung vorgefertigter Hülsen, die bei Bedarf der konkreten Situation einfach übergestülpt werden, ist weder beabsichtigt, noch leistbar. Schon die Vielzahl von Szenarien, in denen Selbst-Lernen geplant und geför-

---

[1] Das Kaufen kann übrigens auch im übertragenen Sinne verstanden werden: Lernende erwerben ja Materialien nicht immer käuflich, sondern haben z.B. über öffentliche Bildungsträger auch kostenlosen Zugang zu ihnen. Gleichwohl *kaufen* sie sich in einem immateriellen Sinne in eine Lehr-/Lernbeziehung ein und sollten als Kundinnen und Kunden wahrgenommen und behandelt werden.

dert werden kann, die unterschiedlichen Herangehens- und Denkweisen der wissenschaftlichen Disziplinen, die Vielzahl möglicher Themen, die individuellen Voraussetzungen der Lernenden, die technischen und organisatorischen Rahmenbedingungen, der zeitliche Ablauf usw. führen dazu, dass jede Selbst-Lernsituation einmalig ist. Praxisorientierung bedeutet für uns daher vor allem, Anregungen zu liefern, die so viel Spielraum lassen, dass sie an die komplexen Bedingungen des jeweiligen didaktischen Feldes angepasst werden können.

Wir möchten Sie daher bitten, unsere theoretischen und praktischen Hinweise kritisch darauf zu überprüfen, ob bzw. wie weit sie für Ihre konkrete Situation zutreffen und hilfreich sind. Die Theorie – und sei sie noch so praxisorientiert – kann nur Handlungsrahmen und Richtschnur des didaktischen Designs darstellen, nicht aber einen vorgefertigten Programmablauf bieten.

Nach den ersten beiden Kapiteln, die eher theoretisch die besonderen Charakteristika des Selbst-Lernens und die didaktische Grundlegung unseres Konzeptes erörtern, werden wir ein Verfahren zur Auswahl und Strukturierung von Lehrinhalten vorstellen. In zehn Schritten (von der Auswahl relevanter Handlungsbereiche bis hin zu deren Übersetzung in Lerninhalte und zum Aufbau einer Modulstruktur) werden Sie Anregungen für diesen im eigentlichen Sinne didaktischen Prozess finden.

Im darauffolgenden Kapitel präsentieren wir den *Selbst-Lernzirkel*, dessen Komponenten eine Schrittfolge für die Erstellung von Lernmaterialien bzw. deren innere Struktur bilden werden. Sukzessive werden wir dann die Planungssschrítte für die einzelnen Phasen des didaktischen Designs praxisnah durcharbeiten. Für jeden Schritt wird jeweils der Bezug zum theoretischen Rahmen hergestellt und auf Probleme oder verwandte Themenbereiche verwiesen. Die Praxishinweise in Form von Anforderungskatalogen helfen bei der Umsetzung in der Entwicklungsarbeit.

Mit dieser inhaltlichen Struktur begeben wir uns wissentlich zwischen Schwert (dem Vorwurf „pures Rezeptwissen" anzubieten) und die Wand (dem Vorwurf, allzu theoretisierend und praxisfern zu argumentieren). Wir nehmen das in Kauf und hoffen, Ihnen gerade aus diesem Widerspruch heraus theoretisch fundierte Praxishinweise und damit hilfreiche Anstöße für die eigene Arbeit bieten zu können.

Wir wünschen Ihnen viel Spaß bei der Lektüre und vor allem bei der Planung und Entwicklung Ihres Lehrmaterials!

2 Selbst-Lernen

Als Formel zur Gestaltung von Lehr-/Lernprozessen ist die Selbstständigkeit des Lernenden kein neues Thema. Für die berufliche Bildung postulierte Gaudig schon im Kontext der Arbeitsschulbewegung 1922, der Schüler solle selbsttätig arbeiten und lernen. Pestalozzi und Fröbel forderten die Eigenständigkeit des Lernenden ebenso wie Montessori mit ihrer (stellvertretenden) Aufforderung *„Hilf mir, es selbst zu tun"*. Klafki stellte mit den normativen Zielsetzungen der Selbstbestimmung, Autonomie und Mündigkeit das Prinzip der Selbsttätigkeit als der *„zentralen Vollzugsform des Bildungsprozesses"* in den Mittelpunkt seines Bildungskonzeptes. Unterrichtsforscher wie Tausch und Tausch (1991; 1988) betonten die zentrale Rolle von Unterrichtsstilen und die durch sie entstehenden Freiräume für Eigenaktivitäten der Schüler im Unterrichtsgeschehen.

Doch anders als früher wird Selbst-Lernen heute gesellschaftlich erwartet und teilweise auch erzwungen. Während die lerntheoetische und pädagogische Debatte um die *„Selbsttätigkeit"* früher eher normativen Charakter hatte und eine vor allem didaktisch-methodisch zu realisierende reformerische Zielsetzung umschrieb, so ist Selbst-Lernen heute vielfach praktizierte Realität und umfasst nicht mehr nur einen methodisch „freigekämpften" Ausschnitt innerhalb des Lernprozesses, sondern dessen gesamte Planung, Durchführung und Evaluation.

Betriebe, die gleichzeitig die Geschwindigkeit von Innovationen beschleunigen und die Dezentralisierung der Organisationsstrukturen vorantreiben wollen, sind zunehmend auf die Fähigkeit ihrer Mitarbeiter, Lernbedarfe selbstständig zu entdecken und entsprechend zu reagieren, angewiesen. Gruppen, die sich mit komplexen, häufig variierenden Aufgaben konfrontiert sehen, müssen sowohl die Fähigkeit des Einzelnen, gesellschaftlich vorhandenes Wissen zu erschließen, fördern, als auch die Fähigkeit der Gruppe, dieses Wissen untereinander verfügbar zu machen und gemeinsam zu nutzen.

Selbst-Lernen verspricht ein Höchstmaß an Situationsbezug und Flexibilität, weil es direkt auf konkrete Problemlagen reagieren kann und die Lernziele und -wege zu jedem Zeitpunkt überdacht und revidiert werden können. Autoren wie Deitering (1995) oder Greif (1996) beziehen sich daher in ihren Überlegungen zum selbstorganisierten Lernen explizit auf Prozesse des Reengineering und der Gruppenarbeit.

Gleichzeitig wird Selbst-Lernen so, wie wir es heute wahrnehmen, durch den technologischen Fortschritt in gewisser Weise erst realisierbar. Durch die gewachsenen Möglichkeiten der Kommunikation über Post, Telefon und elektronische Datenverarbeitung kann Lehren und Lernen heute zeitlich und räumlich auseinander fallen und in weit stärkerem Maße als früher ohne direkte Anwesenheit des Lehrenden unter individuell ganz unterschiedlichen Lernbedingungen stattfinden. Auf diese Weise erweitern sich – im Vergleich zu herkömmlichen Lernsituationen in Präsenzveranstaltungen – die Handlungs- und Entscheidungsspielräume für den Lernenden ganz erheblich. Lernprozesse werden dezentralisiert bzw. dezentralisierbar, Lehrprozesse dagegen in hohem Maße zentralisiert – beides mit entsprechenden Vor- und Nachteilen (vgl. Ortner 1992: 196).

Außer den genannten, eher bildungsökonomischen Aspekten sprechen auch lernpsychologische Gründe für selbstgesteuerte Lernformen. Mehrfach konnte nachgewiesen werden, dass Menschen, die Ziele und Gestaltung des Lernens eigenständig festlegen, motivierter lernen bzw. umgekehrt, dass diesbezügliche Einschränkungen die Lernmotivation beeinträchtigen (vgl. Prenzel 1993: 251ff.). Besonders die subjektiv erlebte Zeitautonomie – das heißt, selbst zu bestimmen, zu welchem Zeitpunkt gelernt werden soll – wirkt sich günstig auf Motivation und Lernbereitschaft aus[2].

Im Gegensatz zum ‚Gleichschrittlernen' ermöglicht Selbst-Lernen ein individuelles Anknüpfen an eigene Lernvoraussetzungen und vermindert die Gefahr von Lernlücken. Wird ein Lernstoff bereits beherrscht, kann zügiger vorangeschritten werden, treten dagegen Schwierigkeiten auf, so bleibt es dem Lernenden überlassen, den Stoff so gründlich und so lange zu wiederholen, bis ein solider Wissensstand erreicht ist.

Ob die Selbststeuerung des Lernens sich auch auf die *Effizienz* des Lernprozesses im Sinne einer größeren Nachhaltigkeit des Lernens niederschlägt, ist allerdings empirisch kaum überprüfbar. Zu komplex und zu heterogen sind die Faktoren, die auf Lernprozesse einwirken, zu vielfältig und unbestimmt sind aber auch die Zielvariablen des Lernens (geht es um Reproduzieren? Verstehen? Trans-

---

[2] Die Schlüsselstellung der Zeitautonomie für Selbst-Lernen wurde insbesondere von Volpert (1989) heraus gearbeitet, der unterstreicht, ohne diese seien alle anderen Regulationsspielräume bedeutungslos.

2 Selbst-Lernen

fer?) als dass systematische Messungen Erfolg versprechend wären (vgl. Clement/Martens 1999). Als plausibel kann lediglich angenommen werden, dass Selbst-Lernen dann besonders erfolgreich verläuft, wenn Lernende und Lehrende sich der Besonderheiten dieser Lernform bewusst sind und sie in ihrem Handeln berücksichtigen.

Die Zeit- und Ortsunabhängigkeit des Lernens führt dazu, dass Selbst-Lernen in der Regel alleine stattfindet. Selbst-Lernmaterialien bilden die (häufig einzige) Brücke zwischen Lernenden und Lehrenden. Das bedeutet u.a., dass die Lernenden bei Fragen, Verständnisproblemen oder kritischen Einwänden auf sich selbst und das zur Verfügung stehende Lernmaterial verwiesen sind. Diese Bedingung muss im Material vorweggenommen und explizit eingeplant sein.

Dann erarbeiten sich Lernende selbstständig, nach eigenem Rhythmus und mit den von ihnen präferierten Lernmethoden Inhalte und Zusammenhänge. Sie nehmen nur das auf, was ihrem Verständnis auf der Grundlage ihrer Erfahrungen und ihres Vorwissen zugänglich ist. Sie lernen solche Inhalte leichter und besser, die sie interessieren und blocken bei anderen ab. Und obgleich Selbst-Lernende bei dieser individuellen Auswahl und Verarbeitung von Teilen des Lernprogrammes sicherlich unkontrollierter und ungebremster agieren, ähneln sie dabei doch im Grunde auch Lernenden in Präsenzgruppen.

Hier zeichnet sich ein Paradoxon ab, das uns durch das gesamte Thema begleiten wird, dass nämlich eine eindeutige Grenzziehung zwischen Selbst- und Fremdsteuerung des Lernens gar nicht möglich ist, denn in reiner Form ist keine der beiden Varianten vorstellbar.

Auch in noch so fremdbestimmten Lernprogrammen findet das eigentliche Lernen nur im Kopf statt und entzieht sich der direkten Einflussnahme anderer. Andererseits ist ein vollständig selbstbestimmtes Lernen schon dann nicht mehr möglich, wenn dazu Lernmaterialien (und sei es nur ein Handbuch) genutzt werden, in die ja immer schon didaktische Vorstellungen desjenigen eingeflossen sind, der sie erstellt hat. Selbst-Lernen ist also immer nur relativ und kennzeichnet letztlich nicht mehr als eine Tendenz zwischen den beiden (unerreichten) Polen der vollständigen Fremd- bzw. Selbstbestimmung.

Die Uneindeutigkeit des Begriffes hat dazu geführt, dass über den Charakter des Selbst-Lernens immer wieder heftig diskutiert wurde. Alternative Begrifflichkeiten wurden vorgeschlagen und gegeneinander abgewogen. So werden zur Beschreibung des Selbst-Lernens auch die Begriffe „selbstreguliertes" oder „selbstkontrolliertes" Lernen verwendet. Im Verständnis kybernetischer Modelle besteht der Unterschied zwischen Steuerung und Regelung darin, dass bei ersterer die – für Lernprozesse allerdings konstitutiven – Rückkoppelungen zunächst nicht vorgesehen sind, während bei dem technischen Begriff der *Regelung* die aktive Zielorientierung und Handlungsreflexion des Lernenden unberücksichtigt bleiben. Flammer (1990: 20f.) bevorzugt daher den Begriff „Kontrolle"[3] bzw. den des selbstkontrollierten Lernens, der ihm präziser den Charakter einer zielbezogenen Veränderung von Zuständen auszudrücken scheint.

Ein gewichtiger Nachteil des Begriffes ‚Kontrolle' ist allerdings, dass er suggeriert, Lernprozesse seien tatsächlich kontrollierbar, d.h. es sei möglich, sie in jedem Moment auf ihre tatsächliche Bedeutung und Konsequenzen hin zu überprüfen und sich bewusst für oder gegen bestimmte Lernschritte zu entscheiden. De facto stellen aber komplexe, nur teilweise bewusste und in ihren Folgen nur schwer abschätzbare interne Prozesse einen so großen Anteil am Lernprozess dar, dass von Kontrolle eigentlich nicht gesprochen werden kann.

Aus diesem Grunde verweist auch Dohmen (1997: 26f.) auf die Abhängigkeit selbstgesteuerten Lernens von der Umwelt. Selbst-Lernen dürfe sich nicht mit müßigen Autonomieansprüchen[4] überfordern, sondern habe sich *„im Selbst-Steuern durch ein vielfältiges Netz von Lern- und Kommunikationsmöglichkeiten"* (Dohmen 1997: 26) zu behaupten.

Selbststeuerung entspricht dann einem gezielten Aufsuchen von und Umgang mit vorgegebenen und selbst geschaffenen Lernsituationen und kommt damit der Wortbedeutung des *Steuerns* als zielgerichtetem *Navigieren* näher als der von Flammer kritisch reflektierten kybernetischen Konnotation von *Intervention* und *Lenkung*.

Eine weitere Präzisierung des Begriffes Selbst-Lernen ermöglicht die Differenzierung von Friedrich/Mandl (1990: 201ff.), die den Grad der Selbststeuerung in Bezug auf *Lernen im engeren Sinne*, *Lernorganisation* und *Lernkoordination* untersuchen. Mit *Lernen im engeren Sinne* ist der eigentliche mentale Prozess der Informationsverarbeitung z.B. durch das Erzeugen bildhafter Vorstellungen, Verknüpfung von Informationen mit bereits bestehenden Wissensbeständen oder strukturierende, informationsreduzierende Prozesse (Bildung von Superzeichen) gemeint. *Lernen im engeren Sinne* be-

---

[3] „Kontrolle besteht darin, geeignete Prozeduren bereitzuhalten und im Bedarfsfall einzusetzen, damit ein Zustand sich in einen anderen angestrebten Zustand verändert oder dass Veränderungen an einem Zustand kompensiert werden, wenn Nicht-Veränderung angestrebt wird. (...) Kontrolle ist immer zielbezogen (...)" (Flammer 1990: 20f., zit. n. Niegemann 1994: 216)

[4] *„Autonomes* Lernen" stellt nach Dohmen eine ausschließlich auf selbstproduzierte Inhalte, Gedanken und Erfahrungen bezogene Lernform dar.

schreibt damit einen ausschließlich internen mentalen Prozess und liegt – ganz unabhängig vom Lernarrangement – immer in der Verantwortung und dem Kompetenzbereich des Einzelnen.

Die *Lernorganisation* dagegen, d.h. die Entscheidung über Lernort, Lernzeit und Verteilung des Lernstoffs kann als Kriterium für den Grad der Autonomie der Lernenden herangezogen werden. Dies gilt auch für die Lernkoordination bzw. die durch entsprechende Interessen, Motive und Intentionen genährte Schaffung von Freiräumen für das Lernen und seine Abschirmung gegen konkurrierende Aktivitäten und Erwartungen der sozialen Umwelt.

Die genannten Aspekte ergänzte Prenzel (1993: 244ff.) noch um den Faktor der *Lernzielbestimmung.* Seiner Auffassung nach sind beispielsweise Arbeitnehmerinnen bzw. Arbeitnehmer, die aufgefordert werden, sich in Phasen geringer Arbeitsbelastung Kenntnisse aus einem bestimmten Lernprogramm anzueignen, zwar relativ frei bezüglich der *Lernkoordination* und *Lernorganisation,* legen jedoch die *Lernziele* nicht selbst fest. Der Besuch eines Volkshochschulkurses ist u.U. Ergebnis einer selbstbestimmten Wahl der *Lernziele,* die Entscheidungsfreiheit über *Lernorganisation* und *Lernkoordination* bleibt jedoch eingeschränkt. Nach Prenzel wird die Setzung von *Lernzielen* dann selbstgesteuert erfolgen, wenn sie intrinsisch motiviert ist bzw. wenn die Person Anforderungen aus ihrer sozialen Umwelt in eigene Lernziele transformiert hat. Die Autonomie bei der Lernkoordination hängt dagegen stark von den erlebten und tatsächlichen Möglichkeiten des Lernenden ab, das Lernvorhaben mit anderen Lebensanforderungen abzustimmen (Prenzel 1993: 244f.).

Als Fazit dieser begrifflichen Klärungen lässt sich festhalten: Selbst-Lernende sind (in der Regel) Erwachsene, welche die Ziele des Lernvorhabens relativ weitgehend selbst festlegen. Sie suchen nach Möglichkeiten, den einmal erkannten Lernbedarf durch Maßnahmen zu decken, die sich mit den konkurrierenden Anforderungen ihres Alltagslebens möglichst problemlos koordinieren (in Bezug auf Zeit, Motivation etc.) sowie organisatorisch (zeitlich, preislich, räumlich) umsetzen lassen. Auf der Suche nach passenden Lernangeboten prüfen sie unterschiedliche Lernformen und -materialien und entscheiden sich dann für eine oder mehrere aus diesen.

In der lernenden Auseinandersetzung mit dem Material selbst (Lernen im engeren Sinne), relativiert sich nun allerdings der Anspruch an Selbst-Lernen. Dessen eigentliches Dilemma besteht nämlich darin, dass Lernende zu Beginn ihres Vorhabens über entscheidende Kenntnisse in Bezug auf den Lernstoff, die zur Strukturierung und eigenständigen Gestaltung des Lernprozesses notwendig wären, ja noch gar nicht verfügen. Es ist zwar möglich, eine grobe Zielvorgabe (etwa in Form einer Anfrage) an einen Lernstoff zu richten, etwa als Fokussierung von Interesse, doch die konzeptuelle Einbettung, die innere Struktur und der systematische Aufbau des Lerninhaltes kann nicht durch zunächst noch unkundige Lernende, sondern muss von den Lehrenden geliefert werden.

Die eigentliche Auseinandersetzung mit dem Lernstoff ist daher die eines lernenden Subjektes mit der in Lernmaterialien gebundenen Systematisierung, Darstellung und Formulierung durch Lehrende. An diesem Punkt trifft der Anspruch des *Selbst*-Lernens auf seine Grenzen. Zugleich wird jedoch die Haltung der Lehrenden innerhalb von Selbst-Lernkontexten durch das Bewusstsein geprägt sein, dass die Lernenden Lerngegenstand, Lernform und -material selbst auswählen. Eine angemessene Didaktik und Methodik des Selbst-Lernens stellt dieses Spannungsfeld zwischen Selbststeuerung im Sinne eines „Navigierens" durch Lernangebote und „fremdbestimmter" Bereitstellung ebensolcher Lernangebote in Rechnung. Sie weiß um die Selbstverantwortung der Lernenden für das Gelingen des Lernprozesses und unterstützt sie in ihrem Vorhaben.

Die Lehrenden ihrerseits sind bei der Planung und Gestaltung von Lehrmaterialien institutionellen Rahmenbedingungen unterworfen – sehr häufig stärker, als ihnen lieb ist. Sie schreiben Lehrbücher, entwickeln CD-ROMs oder formulieren Lehrprogramme in der Regel nicht nur deswegen, weil sie ihre ureigenen Erfahrungen und Kenntnisse einem mehr oder minder interessierten Publikum weitergeben möchten, sondern sie verfolgen dabei auch persönliche (z.B. karrierebezogene) und institutionelle (z.B. ökonomische) Ziele. Diese Rahmenbedingungen und Zwänge bei der Formulierung von Hilfestellungen für die Planung und Entwicklung von Selbst-Lernmaterialien außer Acht lassen zu wollen, wäre naiv. Gerade im Weiterbildungsbereich, zunehmend jedoch auch in den öffentlichen Bildungseinrichtungen werden Rentabilitätsüberlegungen aus guten Gründen eingefordert und setzen sich auch immer stärker durch. Wir werden daher bei unserer Darstellung ökonomische und institutionelle Gegebenheiten nicht nur implizit mit berücksichtigen, sondern sie auch explizit thematisieren und zu einem Teil des Konzeptes machen.

Welcher Art sind nun die institutionellen Rahmenbedingungen des Selbst-Lernens, mit denen sich Lehrende wie auch Lernende gleichermaßen konfrontiert sehen? Die umfangreichsten Erfahrungen mit Selbst-Lernprogrammen haben die Fernlehrinstitutionen, die auf eine inzwischen etwa hundertjährige Geschichte zurück blicken können.

2.1
Selbst-Lernen als Bildungschance

In seinen Anfängen entwickelte sich das Fernstudium aus der Ergänzung des autodidaktischen Selbstunterrichtes durch einen belehrenden Briefwechsel. Die frühesten Fernkurse entstanden aus sog. „Selbstunterrichtswerken" und ergänzten diese durch „Unterrichtsbriefe" und später auch Schallplatten. Beispiele für diese frühen Formen des Selbst-Lernens finden sich in der zweiten Hälfte des 19. Jahrhunderts und zwar zunächst in England und den USA, seit den 90er Jahren des letzten Jahrhunderts aber auch in Schweden und Deutschland (Delling 1985: 2; ders. 1962: 5ff.).

Peters (1973: 157ff.; vgl. auch Delling 1985) begründet die zeitliche Koinzidenz zwischen der Anfangsphase der Fernlehre und dem Fortschritt der industriellen Produktion in Deutschland zum einen mit der Verfügbarkeit größerer homogener Zielgruppen als Abnehmer der Fernkurse und andererseits mit der Entwicklung des Post- und Verkehrswesens, welche erst die geregelte Weiterleitung der Materialien ermöglichte. Peters folgerte in seiner Dissertation von 1973:

> „Wenn man weiterhin bedenkt, von wie vielen technischen Mitteln die schnelle Betreuung großer Schülergruppen durch Fernlehrinstitute abhängt, so wird deutlich, dass der Fernunterricht eine dem technischen oder industriellen Zeitalter in besonderem Maße zugeordnete Unterrichtsform ist." (Peters 1973: 157)

Im Einzelnen begründete Peters diese Einschätzung mit einem Vergleich zwischen Fernlehre und der industrialisierten Warenproduktion. Beide Vorgänge seien, so argumentiert er, durch Rationalisierung, arbeitsteilige Massenproduktion und automatisierte Arbeitsabläufe gekennzeichnet.

Zugleich wurde die Fernlehre mit großen bildungsökonomischen Hoffnungen propagiert (vgl. auch Dohmen 1970), und zwar einfach wegen der Möglichkeit, sehr viel größere Gruppen von Lernenden durch ein relativ kleines Team von Lehrenden bedienen zu lassen. Peters verweist dabei auf den Bildungsökonomen Edding und dessen Forderung, auch Schulen sollten sich das Prinzip der zweckmäßigen Betriebsgröße zu Eigen machen und kostspielige Lehrmittel sowie hoch qualifizierte Dozenten durch große Schülerzahlen nutzen lassen. Peters folgert:

> „Unter dem Gesichtspunkt der Rationalisierung verhält sich der Fernunterricht zum traditionellen Klassenunterricht wie die industrialisierte Produktion zur handwerklichen Fertigung. *Fernunterricht ist rationalisierter Unterricht.*" (Peters 1973: 166f.; Herv. im Text)

Auch in Hinblick auf die technische Gestaltung des Unterrichts befinde sich der traditionelle Klassenunterricht auf dem Niveau der vorindustriellen Produktion. Der Lehrende bestimme – analog zum Handwerker – autonom den Fortgang des Unterrichts. Einzige Energiequelle dafür sei er selbst und *„er benutzt seinen Körper auch als ‚Werkzeug‘, d.h. als Kommunikationsmedium (z.B. durch Gestik und physische Erzeugung der Sprache).“* (Peters 1973: 179)

Bei der Fernlehre dagegen finde Unterricht insofern vermittelt statt, als hier Materialien und Ablaufstrukturen normiert und von der Person des Lehrenden losgelöst würden. Die Produktion von Selbst-Lernmaterialien entspreche dann der Arbeitsvorbereitung in der Warenproduktion, die normierte Vorgehensweisen bei der zeitlichen und inhaltlichen Abfolge der Lernschritte der Arbeitsorganisation im Betrieb und die Trennung zwischen Lehre und Unterrichtsorganisation derjenigen zwischen Verwaltung und Produktion. Eine Standardisierung und Formalisierung der Kommunikation im Lehr-/Lernprozess sei schon deswegen unumgänglich, weil die Zahl der Lernenden in der Fernlehre aus Gründen der wirtschaftlichen Rationalität diejenige in traditionellen Unterrichtssituationen bei weitem übersteige[5].

Trotz der grundsätzlich positiven Einstellung gegenüber Lehrverfahren, die gesellschaftliches Wissen einer großen Zahl von Nachfragern zur Verfügung stellen und dennoch die Lehrenden von der körperlich vermittelten Anstrengung des Unterrichtens auf „vorindustrieller“ Ebene entlasten, beurteilte Peters die Entstehung industrieller Formen des Unterrichtes durchaus kritisch. Die Industrialisierung des Lehrens und Lernens impliziere nämlich auch neue Entfremdungssituationen, denen alle Beteiligte dann ausgesetzt seien und deren Implikationen für die Emanzipation der Akteure kritisch zu reflektieren wären (Peters 1973: 210ff.).

In der Weimarer Republik breitete sich – einem relativ breiten Bestreben nach „Volksbildung“ (ebda. S. 5ff.) folgend – sowohl die gewinnorientierte Produktion von Fernkursen durch private Bildungsunternehmen aus als auch der Vertrieb von Fernstudienangeboten durch Verbände und insbesondere die Gewerkschaften (Delling 1985). Nach der Machtübernahme der Nationalsozialisten und erst recht nach Beginn des Zweiten Weltkrieges kam diese Form der Bildung jedoch weit gehend zum Erliegen und wurde bis Anfang der 60er Jahre nicht wieder aufgegriffen. In den englischsprachigen Län-

---

[5] Eine solche Gleichsetzung des Fernunterrichtes mit industrialisierter Massenproduktion ist allerdings nicht unwidersprochen geblieben (vgl. hierzu die Diskussion in der Zeitschrift Open Learning: (Campion et al. 1996: 41–54).

dern insbesondere in Australien, Neuseeland und den USA sowie in Skandinavien existierten zwar Fernlehrprogramme, doch wurden auch diese von wissenschaftlichen Autoren nur sehr vereinzelt wahrgenommen und reflektiert (Delling 1962: 13)

Erst Ende der sechziger und Anfang der Siebzigerjahre gewann der Fernunterricht an bildungspolitischer Bedeutung, die ganz wesentlich auf der politischen Intention beruhte, mit seiner Hilfe auch solchen Personenkreisen Zugang zu Hochschulbildung zu eröffnen, die bisher aus sozialstrukturellen Gründen davon ausgeschlossen gewesen waren.

Neue Formen des Selbst-Lernens wie das Telekolleg oder das Funkkolleg, welche auf einen offenen Teilnehmerkreis zugeschnitten waren und zum nachträglichen Erwerb eines Bildungsabschlusses ebenso beitragen sollten wie zur allgemeinen Erwachsenenbildung, etablierten sich auf dem Markt. Seit 1964 veranstaltet der Bayerische Rundfunk kontinuierlich Telekollegs, die sich aus verschiedenen Komponenten (Fernsehsendungen, schriftlichem Begleitmaterial und Gruppenunterricht) zusammensetzen. Auch die Funkkollegs werden in Form von Medienverbundprogrammen bestehend aus Studienbriefen, Präsenzveranstaltungen und Sendungen durch unterschiedliche Rundfunkanstalten, Volkshochschulen und andere Institutionen durchgeführt.

Die Diversifizierung des Angebotes machte Ende der 70er Jahre eine stärkere Institutionalisierung des Selbst-Lernbereiches notwendig. 1967 wurde das Deutsche Institut für Fernstudienforschung an der Universität Tübingen (DIFF) gegründet, 1970 errichtete die Stiftung Volkswagenwerk den Arbeitsschwerpunkt Fernstudium im Medienverbund und 1975 erfolgte die Gründung der FernUniversität in Hagen.

Durch das Hochschulrahmengesetz (HRG) und das Fernunterrichtsschutzgesetz (FernUSG) von 1976 erhielten Fernstudium und Fernunterricht einen verbindlichen Rechtsrahmen, der Qualitätskontrollen und damit die Aussonderung unseriöser Anbieter möglich machte (vgl. Balli/Storm 1994: 35ff.).

Nunmehr ist eine Zulassung auch außeruniversitärer Kurse durch die „Staatliche Zentralstelle für Fernunterricht (ZFU)"[6] für alle Selbst-Lernangebote verbindlich. Die ZFU prüft – bei berufsbildenden Kursen jenseits des Hobbybereiches – insbesondere die fachliche und inhaltliche Übereinstimmung des Angebotes mit dem ausgewiesenen Lehrgangsziel, die Werbung sowie die Modalitäten des

---

[6] gegründet auf Basis des Staatsvertrags über das Fernunterrichtswesen vom 16.2.1978

Fernunterrichtsvertrages zwischen anbietender Institution und den Teilnehmenden.

2.2
Öffnung der Hochschulen durch Selbst-Lernen?

Trotz der relativ umfangreichen Maßnahmen, die darauf zielten, Fernunterricht zu einem flächendeckenden Bildungsangebot für breite Bevölkerungskreise werden zu lassen, kann der Versuch einer Industrialisierung des Lernens qua Fernlehre inzwischen in Deutschland als gescheitert gelten. Es mag, wie Zimmer (1994: 16) annimmt, einerseits am fortbestehenden Gefälle zwischen dem Weiterbildungsbedarf in ländlichen und städtischen Regionen einerseits und dem verhältnismäßig dichten Netz an Bildungseinrichtungen in städtischen Regionen andererseits gelegen haben, dass die Zahl der Teilnehmerinnen und Teilnehmer an nicht-akademischen Selbst-Lernangeboten mit ca. 150.000 im Jahr nach wie vor relativ gering ist.

<table>
<tr><td rowspan="6">Abbildung 1:
Teilnehmerinnen
und Teilnehmer
an Fernlehr-
gängen</td></tr>
<tr><td></td><td>1991</td><td>1992</td><td>1993</td><td>1994</td><td>1995</td><td>1996</td><td>1997</td><td>1998</td><td>1999</td></tr>
<tr><td>Fernlehr-Institute</td><td>112</td><td>132</td><td>141</td><td>147</td><td>159</td><td>171</td><td>177</td><td>195</td><td>195</td></tr>
<tr><td>Teiln. in Tausend</td><td>165</td><td>171</td><td>164</td><td>153</td><td>142</td><td>131</td><td>118</td><td>113</td><td>k.A.</td></tr>
<tr><td>Fernlehr-Kurse</td><td>1015</td><td>1049</td><td>1090</td><td>1077</td><td>1086</td><td>1141</td><td>1283</td><td>1415</td><td>1497</td></tr>
</table>

BIBB (1990–2000): Berufsbildungsbericht, Kapitel Fernstudium

Die Ursache des Rückgangs seit 1993 liegt an einer gesunkenen Nachfrage in den alten Bundesländern, welche nach Ansicht des BIBB (1995: 119) mit den reduzierten Möglichkeiten der Förderung von Fernlehrgängen nach AFG bzw. SGB III sowie der infolge von Arbeitslosigkeit geringeren privaten Finanzierungsmöglichkeiten zusammenhängen könnte.

In jüngster Zeit wird mit Bezug auf die universitäre Fernlehre – und Rekurs auf Entwicklungen im englischsprachigen Ausland – häufig Bedarf an einem offeneren institutionellen Rahmen für Fernunterricht angemeldet, der den Markt flexibilisieren und verbreitern soll. Unter dem Schlagwort *„Open Distance Learning"* wird versucht, Selbst-Lernangebote für einen breiteren Kreis von Interessenten attraktiv zu machen und – wie Zimmer (1994: 10) es formuliert –

ein Konzept zu entwickeln, das *„solide wie Fernunterricht und attraktiv wie Offenes Lernen"* sein kann.

Konstitutive Kriterien (vgl. Zimmer 1994: 13) eines solchen offenen Lernens sind zum einen

- eine größtmögliche Offenheit bezüglich der Inhalts-, Ziel- und Lernwegentscheidungen, die soweit als möglich den Lernenden überlassen werden und

- Offenheit in Bezug auf institutionelle Bedingungen, so dass zeitliche und organisatorische Restriktionen ebenso vermindert werden wie etwa Zulassungs- oder Teilnahmebeschränkungen, sowie

- offene methodische Ansätze mit einer starken Betonung des aktiven Lernens in Abgrenzung zu klassischen Lehrkonzepten, bei denen die Steuerung des Kursgeschehens ausschließlich in der Hand der Lehrenden lag.

Als Kennzeichen des offenen Fernlernens kann auch der Einbezug multimedialer Vermittlungsstrategien gelten, der neben einer weiteren Ausdifferenzierung des Bildungsangebotes eine aktive Beteiligung der Lernenden durch Simulationen, computergestützte Interaktion oder die Wahl individueller Lernwege mit sich bringen soll.

In den angelsächsischen Ländern werden solche Formen des „Externenstudiums" *(extramural education)* mittels universitärer Fernlehre bereits seit Jahren intensiv vorgelebt. Die besondere geografische und demografische Situation des amerikanischen Kontinents seit der Kolonialisierung führte zu einer intensiven Nutzung von Erwachsenenbildungsprogrammen und deren institutionelle Einbindung in Einrichtungen des formalen Bildungssystems. Insbesondere pragmatisch argumentierende Theoretiker wie Alfred North Whitehead oder John Dewey, aber auch Vertreter der humanistischen Pädagogik wie William Rainey Harper unterstützten die Bemühungen um Ausdehnung der universitären Lehre in die Erwachsenenbildung hinein. In den Zwanzigerjahren dieses Jahrhunderts kam es zu einer starken Ausweitung des Externenstudiums, das sowohl mit einer verstärkten Kooperation unterschiedlichster Einrichtungen der Erwachsenenbildung mit den Hochschulen, als auch mit einer inhaltlichen Erweiterung über rein berufliche und anwendungsorientierte Bildungsangebote hinaus, einherging (vgl. Wedemeyer 1989: 72 ff.).

In Europa hat der Gedanke einer Öffnung der Hochschulen durch Fernstudienangebote sehr viel langsamer Fuß gefasst, gerät jedoch angesichts der neuen technischen Möglichkeiten durch die Einbeziehung des Internet auch hier in den Blickpunkt des Interesses. Auch die Europäische Gemeinschaft stützt – teilweise aus bildungsökonomischen, teilweise aus bildungspolitischen Überlegungen heraus – das Konzept der ‚Offenen Fernlehre' (Open Distance Learning) und formulierte im Memorandum der Kommission der Europäischen Gemeinschaften vom 12. November 1991 ihr ausdrückliches Interesse an einer breiten Förderung von Programmen und Institutionen in diesem Bereich.

Freilich wird das Konzept des „offenen" Lernens mitunter auch sehr kritisch rezipiert. Angemerkt wird insbesondere, der Begriff sei zu unpräzise, wecke positive Assoziationen, die sich aus der langen pädagogischen Tradition des ‚offenen Unterrichts' ableiten (vgl. Zimmer 1994: 17), ohne diese jedoch in der Realität der Fernlehre einlösen zu können (vgl. Dichanz 1994: 186). Weder seien angesichts der häufigen Motivation von Fernstudierenden sehr gezielt Zertifikate zu erwerben, offene Ziel- bzw. Inhaltsentscheidungen sinnvoll, noch ermögliche Fernlehre tatsächliche Medienoffenheit, denn der ganz überwiegende Teil der Lehre finde nach wie vor mittels Selbst-Lernbriefen statt. Und selbst die Vorteile hinsichtlich der Zeit- und Ortsungebundenheit seien stark zu relativieren, denn – so führt Dichanz (1994: 187) an – gerade Fernlernende seien in aller Regel in ihrem Alltag einem rigiden Zeitregime unterworfen, das Flexibilitäten kaum zulasse.

Gleichzeitig geraten gerade die ohnehin bezüglich ihres Standards an Wissenschaftlichkeit und akademischer Glaubwürdigkeit weniger etablierten Selbst-Lerneinrichtungen durch die Forderung nach Öffnung des Angebotes für Nicht-Akademiker unter Druck. Die Notwendigkeit, sich einerseits für bereits berufstätige Lernende öffnen zu sollen, sich gleichzeitig aber dennoch als wissenschaftlich und damit – jedenfalls unter herrschenden bildungspolitischen Bedingungen – implizit auch als selektiv, ja gewissermaßen elitär profilieren zu müssen, verhindert eine ungezwungene Einstellung zu nicht-akademischen Weiterbildungsangeboten. So betont etwa die FernUniversität Hagen in ihrer Weiterbildungsbroschüre[7] :

> „Die von der FernUniversität gestaltete Weiterbildung kann nur wissenschaftliche Weiterbildung gemäß dem universitären Auftrag zur Pflege und Entwicklung der Wissenschaften durch Forschung und Lehre sein. [...] Angesichts einer überwiegend beruflich bereits qualifizierten Klientel sind die Übergänge zwischen der akademischen Erstausbildung und der wissenschaftlichen Weiterbildung an der FernUniversität im Unterschied zu traditionellen Hochschulen fließend."

---

[7] Weiterbildung. Informationen zum Studium 12, Hagen 1999, S. 3.

Als Fazit kann an dieser Stelle fest gehalten werden: Der Fernunterricht hat in Deutschland sowohl im akademischen, wie auch im nicht-akademischen Bereich eine lange Tradition, konnte allerdings auf Grund der spezifisch deutschen Merkmale des Bildungssystems kaum Breitenwirkung entfalten. Erst angesichts der neuen technischen Möglichkeiten, der zunehmenden Individualisierung des Bildungsmarktes und einem sich verschärfenden Wettbewerb zwischen den Bildungsinstitutionen wird dem (multimedial gestützten) Fernunterricht neuerdings eine Schlüsselrolle für die Entwicklung und Effizienzsteigerung des Bildungswesens zugesprochen.

3 Didaktik für Selbst-Lernarrangements

Mit den Ausführungen des vorangegangenen Kapitels ist die zentrale Problematik des Selbst-Lernens bereits angedeutet: Die (meist erwachsenen) Lernenden haben meist ein definiertes, oft auch inhaltlich bestimmtes Lerninteresse und wägen Kosten und Nutzen des Aufwandes für ein bestimmtes Lernangebot bewusst gegeneinander ab. In vielen Fällen haben sie sich bereits so viel Vorwissen (auf welcher Reflexionsebene auch immer) angeeignet, dass sie sich in der Lage sehen, Lerngegenstand und -ziele selbst auszuwählen oder aber sie sind durch Problemsituationen im Beruf (z.B. Einführung einer neuen Technologie) zur Teilnahme an einer Weiterbildungsveranstaltung motiviert.

Und dennoch stößt die Autonomie der Lernenden in Bezug auf die inhaltliche Gestaltung der Lernsituation an strukturell vorgegebene Grenzen: Von dem Lernstoff, der nun bewältigt werden soll, wissen die Lernenden (jedenfalls in systematisierter Form) bislang nicht viel – sonst würden sie die mit der Teilnahme an Lernangeboten verbundenen Anstrengungen nicht auf sich nehmen. Sie treten mit einem bestimmten Lerninteresse, mitunter auch einer konkreten, aus Studium oder Praxis gewonnenen Fragestellung sowie diversen Alltagserfahrungen an den Lerngegenstand heran.

Das bedeutet jedoch keineswegs, dass sie dazu in der Lage wären, diesen eigenständig zu strukturieren und zu didaktisieren. Denn das Unterfangen, einen komplexen Lerngegenstand logisch zu systematisieren und didaktisch aufzubereiten, Anwendungen von Regeln und diese von Ausnahmen zu unterscheiden, Informationen in konzeptionelle Zusammenhänge einzuordnen, Einfaches so zu vermitteln, dass Schwieriges daraus geschlossen werden kann – all dieses setzt außer diversen pädagogischen und didaktischen Fähigkeiten schlicht Sachverstand voraus. Und über diesen verfügen die Lernenden in Bezug auf den Lerngegenstand zunächst noch nicht. Dieser Widerspruch zwischen Autonomie und Abhängigkeit führt in Bezug auf die Konzeptionierung von Selbst-Lernmaterialien zu einem grundsätzlichen Dilemma:

Seit Jahrzehnten bewegen sich Pädagogen und Pädagoginnen im Spannungsfeld zwischen notwendiger Steuerung durch Lehrende und größtmöglicher Autonomie und Selbstentfaltung der Lernenden und haben dabei zu unterschiedlichen Zeiten unterschiedliche Lehrstrategien entworfen, die sich jeweils mehr an dem einen oder anderen Pol orientierten.

Um zu einer eigenständigen didaktischen Position zu gelangen, von der aus sich Inhalte für Selbst-Lernprogramme auswählen und strukturieren lassen, von der aus aber auch die Programme selbst konstruiert werden können, haben wir uns drei wichtige didaktisch-pädagogische Paradigmen genauer angesehen. Instruktionstheoretische, handlungstheoretische und konstruktivistische Didaktikerinnen und Didaktiker haben auf eine Diskussion Einfluss genommen, deren Grundzüge in den folgenden Abschnitten dargestellt und diskutiert werden sollen.

Unter Umständen werden Sie unsere Ausführungen in diesem Kapitel als allzu abstrakt und theoretisch empfinden und es vorziehen, direkt zu den Praxishinweisen vorzublättern. Unser Anliegen ist es an dieser Stelle, eine theoretisch fundierte Begründung dafür zu liefern, warum wir Ihnen im Praxisteil dieses oder jenes Vorgehen vorschlagen.

3.1
Präzisierung der Lernwege: Instruktionstheoretische Ansätze

In den Sechziger und Siebziger Jahren versuchte man, das Auseinanderfallen von Autonomieansprüchen und Steuerungsvoraussetzungen auf Seiten der Lernenden durch engere Vorgaben und Strukturierung des Lernprozesses zu lösen. Im Vordergrund stand dabei das Bemühen, die Abwesenheit der Lehrenden und die daraus möglicherweise resultierenden Probleme wie z.B. eine fehlende Kontrolle über den Lernfortschritt, ein möglicherweise oberflächliches Fortschreiten ohne tatsächliches Verständnis der Grundlagen, fehlende Möglichkeiten zu Rückfragen etc. auszugleichen. Auf welche Weise, so fragte man sich, kann die Funktion der Lehrenden in die Struktur und Gestaltung von Lehrmaterialien stellvertretend integriert werden, so dass ein (wenn auch unvollständiger) Ersatz der Lehrperson denkbar wird?

Der Ausweg schien in einer besonders präzisen Strukturierung der Lernmaterialien und gezielten Vorgaben in Bezug auf Lernziele, Methoden ihrer Erreichung und Überprüfung des Lernerfolges zu liegen. Durch eine Objektivierung des Unterrichts, lernpsychologisch abgesicherte Methoden und eine konsequente Erfolgssiche-

3 Didaktik für Selbst-Lernarrangements

rung – so nahm man an – könnte die Lernleistung systematisch gesteigert und von der Präsenz des Lehrenden unabhängig gestaltet werden. Die pädagogischen Funktionen des Lehrenden wurden dabei sozusagen in das Lehrmaterial eingebunden und durch eine umso kleinschrittigere Planung des Lehr-/Lernmaterials ersetzt.

Insbesonders behavioristisch argumentierende Didaktiker formulierten als wesentliche Kennzeichen unterrichtstechnologischer Effizienzsteigerung:

- die Orientierung an hierarchisierten Lernzielen,

- die Dosierung und Sequenzierung der Lerninhalte,

- die enge zeitliche und methodische Reglementierung sowie

- die uniforme Bewertung und konsequente Kontrolle der Lernleistung.

Im Vergleich zur Ausführlichkeit, mit der die Lehrtechnologen über die Intentionen und Inhalte von Lernen reflektierten, sind Veröffentlichungen zu methodischen Aspekten deutlich unterrepräsentiert. Offensichtlich unterstellte man – wie Bönsch formuliert – *„zentral (seien)* die Auswahl und Festlegung der Ziele und Inhalte, alles Weitere erfolge dann wie von selbst"* (Bönsch 1974: 7).

Daher wurde Wissen über die Abfolge von *Information > Frage > Antwort > Kontrolle* vermittelt, die Aufnahme des Lernstoffes unmittelbar im Anschluss überprüft und die Antworten entsprechend positiv oder negativ verstärkt. Die Lernstufen waren dabei nach instruktionstheoretischer Auffassung sehr kleinschrittig zu halten: Die Fragen sollten mit einer Wahrscheinlichkeit von >90% richtig beantwortet werden.

Um die Information und auch die dazugehörigen Testfragen so lerneffizient wie möglich zu gestalten, wurde auf ihre korrekte Ausformulierung viel Gewicht gelegt. So betonte Grzesik (1976: 40ff.) die Bedeutung der *Prägnanz* der Formulierung (Bestimmungsreichtum, Knappheit, Schärfe) und des angemessenen *Umfanges* der durch die Instruktion ausgelösten Lernaufgabe. Gleichzeitig wies er auf die intendierten und nicht-intendierten Konsequenzen semantischer Aspekte, eines adäquaten Adressatenbezuges und des impliziten Symbolgehaltes von Instruktionen hin.

Eine extreme Variante methodischer Reglementierung bildete die Unterrichtung an individualisierten „Lernmaschinen", d.h. an Apparaten, die Lernende mit einer sukzessive zu durchlaufenden Schrittfolge konfrontierten. Eine Variation der vorgegebenen Lernfolge war allenfalls in Bezug auf das Lerntempo des Einzelnen oder durch Einschieben wiederholender Lernschleifen möglich.

In den Sechziger und Siebziger Jahren wurde dieser *Programmierte Unterricht* als ein wissenschaftlich gesichertes Verfahren objektivierten Unterrichtes breit diskutiert. Angesichts der prognostizierten Bildungskatastrophe (vgl. Picht 1964) und dem drohenden Lehrermangel sollten Lehrverfahren entwickelt und verbreitet werden, die einerseits von der Präsenz der LehrerIn weitgehend unabhängig wären und zudem auf vermeintlich verlässlichen wissenschaftlichen Erkenntnissen zur Lerneffizienz basieren sollten. Auf diese Weise hoffte man, die Lernleistung über Individualisierung und Differenzierung des Unterrichts steigern zu können. Die Programme hatten vor allem elementares Grundlagenwissen, Sprachlernprogramme und lerntechnisches Grundwissen zum Thema. Aus heutiger Sicht zeichneten sich durch eine – wie Döring es nannte – große „mediendidaktische Naivität" (zit. n. Klimsa 1993: 164) aus, vernachlässigten sie doch methodisch-didaktische Konzepte ebenso wie individualpsychologische oder auch sozialpsychologische Aspekte. Innerhalb weniger Jahre war von den meist wenig ansprechenden, langatmigen und sehr spezialisierten Programmen kaum mehr die Rede.

Eine Fortentwicklung des Programmierten Unterrichtes stellte das *Computer-Based Training* (CBT)[8] dar, das insbesondere in der beruflichen Aus- und Weiterbildung hohe Popularität genießt. Der Fortschritt, der mit der Entwicklung von CBT-Programmen erzielt werden konnte, lag vor allem im Bereich der Visualisierung und Veranschaulichung durch die Einbindung multimedialer Elemente (Videosequenzen, Animationen, Hypertexte etc.). Die didaktische Konzeption dieser CBTs ist in der Regel instruktionistisch ausgerichtet und basiert auf der Sequenzierung von Lerninhalten in kleine Schritte, der Hierarchisierung der Lerninhalte und den Abfragen mit sofortigen Erfolgs- bzw. Misserfolgsmeldungen.

Die sog. Courseware wird im Wesentlichen eingesetzt, um den Einstieg in neue Wissensgebiete zu erleichtern, bestimmte Teilaspekte zu veranschaulichen, bereits bekannten Stoff in motivierender Art und Weise zu üben sowie um gelerntes Wissen in simulierten Anwendungssituationen einzusetzen. Inhaltliche Differenzierungen oder abweichende Lernwege je nach Interessen oder Möglichkeiten der Lernenden sind mit großem entwicklungstechnischem Aufwand verbunden.

In den Siebziger Jahren enthielt die gängige didaktische Konzeptionierung von Selbst-Lernmaterialien zahlreiche didaktische Ele-

---

[8] Im aktuellen Sprachgebrauch steht *CBT* oder „Computer-Based Training" mittlerweile für lokale Lernangebote auf CD-Rom – verwendet wird der Begriff meist in bewusster Abgrenzung zu *WBT* als Abkürzung für „Web-Based Training".

  ■ *3 Didaktik für Selbst-Lernarrangements*

mente, die mindestens teilweise das Fehlen eines direkten Ansprechpartners ausgleichen oder simulieren sollten. So wurden in die Texte simulierte Dialoge zwischen Fragenden und Lehrenden eingeschoben, Zusammenfassungen angeboten, Fragen zur Wiederholung und Übung eingebunden oder der Text durch Marginalien, Hervorhebungen oder Querverweise strukturiert.

In perfektionierter Form wird das „Tutorenmodell" an der Open University in England eingesetzt, wo jede Fernstudieneinheit von einem multidisziplinären Team über mehrere Monate lang unterrichtstechnologisch entwickelt wird (vgl. Peters 1997: 42f.). Kursteams, an denen vor allem Mitglieder des Institute of Educational Technology für die Abstimmung der Lehrziele und -methoden zuständig sind, fällt dann die Aufgabe zu,

- die *Aufmerksamkeit* der Lernenden z.B. über Grafik und Design zu erregen und zu lenken,

- das *Interesse* durch geeignete Einleitungen, den Bezug zu aktuellen Fragestellungen oder der Lebenswelt zu wecken und zu verstärken,

- die Lernenden zu *motivieren*,

- die Lernziele z.B. durch die Präsentation von *advanced organizers*[9] zu präzisieren,

- *Vorkenntnisse* ins Bewusstsein zu heben,

- den Lehrinhalt portioniert und in einer Reihenfolge, die die Aufnahme und das Verständnis erleichtern, anzubieten (*Didaktisierung*)

- schwierige Sachverhalte überdeutlich und wiederholt darzustellen,

- Ratschläge, wie man die dargebotenen Inhalte am besten lernt, zu erteilen,

- sich durch *Rückmeldungen* des Lernerfolges zu vergewissern,

- mit den Lernenden zu *üben* und

- dabei zu helfen, das Gelernte *anzuwenden*.

In vielen Bereichen des Fernunterrichtes und auch der computergestützten Unterrichtung stellen tutorielle Systeme nach wie vor den quantitativ umfangreichsten Teil der Angebote. Die systematisierte

---

[9] Advanced organizers sind nach Ausubel Strukturelemente, in die das Neue, zu Lernende eingefügt wird, d.h. geordnete Wissenstrukturen, die für die neuen Lerngegenstände ein ordnendes Raster darstellen.

Abfolge, in die Lehr-/Lernschritte gebracht werden, schafft sowohl für die Dozenten und Dozentinnen als auch für die Lernenden einen strukturierten, überschaubaren Rahmen, der die Orientierung erleichtert und die erforderlichen Anstrengungen abschätzbar macht.

Dennoch sind tutorielle Systeme in den letzten Jahren starker Kritik ausgesetzt gewesen, die sich u.a. an der Frage entzündete, ob das mit ihrer Hilfe erworbene Wissen tatsächlich in realen Handlungssituationen hilfreich sei. Fernunterricht und dem Lernen am Bildschirm haftet ja von vorne herein das Stigma des Praxisfernen, von der Realität Losgelösten an. Ist es möglich, so wurde kritisch hinterfragt, durch ein solches – im wahren Wortsinne – „fernes" Lernen Wissen zu erwerben, das im Bedarfsfall abgerufen werden kann und das neue Handlungsoptionen erschließt?

Dieses Transferproblem scheint uns besonders im – für das Selbst-Lernen zentral wichtigen – Bereich der Weiterbildung entscheidend zu sein. Hier geht es ja sehr häufig darum, Menschen zu einer „besseren Praxis", will meinen: zu einer besseren Bewältigung von Arbeits- und Lebensanforderung, zu verhelfen. Wenn Lernen den Übersetzungsschritt vom „Wissen" zum „Können" dann nicht gelingt, so bleibt es wirkungslos.

Theoretisch hatten sich auch die Behavioristen mit diesem Transferproblem beschäftigt. Lernsituationen und reale handlungsbezogene Aufgaben enthalten – so postulierte etwa Thorndike – so genannte identische Elemente (Wissensbestandteile, Vorgehensweisen), an denen sich der Transfer von Kenntnissen und Fertigkeiten orientiere. Die didaktisch-methodische Konsequenz aus dieser Annahme lautete, dass **Lernziele** sich möglichst bedarfsgerecht aus **Handlungssituationen** ableiten lassen sollten.

Eine Erweiterung dieses Konzeptes erfolgte durch die Instruktionstheoretiker. Sie nahmen an, Verhalten sei durch kognitiv vorhandenes Wissen gesteuert und unterstellten dementsprechend, Lerntransfer gelinge dann, wenn die einem Sachverhalt zu Grunde liegenden **Regeln** vermittelt werden könnten.

Instruktionstheoretiker wie Bloom oder Gagné vermuteten, durch Akkumulation von Lernzielen einer niedrigeren taxonomischen Ebene (z.B. Faktenkenntnis) sei es mit Unterstützung durch Lehrende möglich, schrittweise auch höhere Ebenen des Lernens (z.B. das Verstehen von Regeln und Zusammenhängen) zu erreichen. Die Kenntnis solcher Regeln würde den Lernenden die Abstraktion von den Besonderheiten des Einzelfalls und damit Handlungsfähigkeit in unterschiedlichen Situationen ermöglichen.

3 Didaktik für Selbst-Lernarrangements

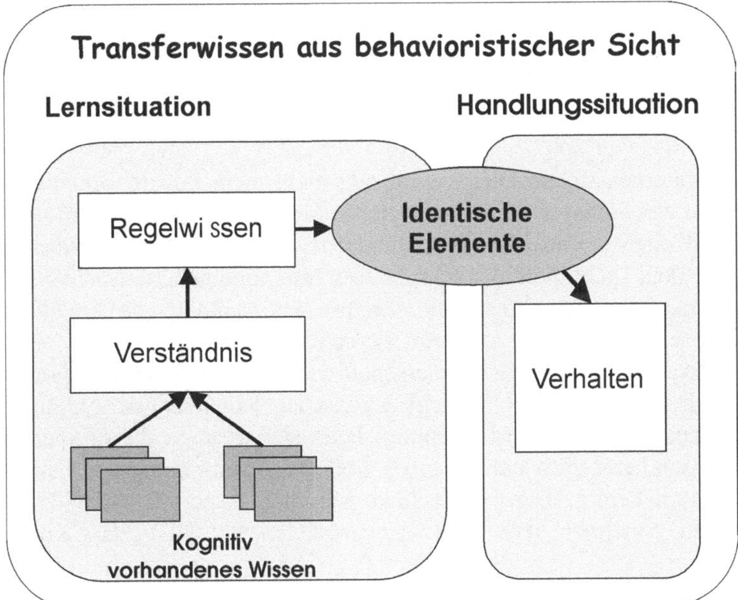

Abbildung 2: Transferwissen aus behavioristischer Sicht

Doch spätere Untersuchungen belegten vielfach, dass eben die Anwendung abstrakt formulierter Regeln auf Realsituationen immer wieder misslingt (vgl. Renkl 1996: 76ff.). In der Folge wurden nicht nur die behavioristisch orientierten Lehrkonzepte sondern auch die auf ihr basierenden didaktischen Modelle als unhaltbar angegriffen. Reduziere man Lernen auf das möglichst lückenlose Nachvollziehen vorgegebener Schrittfolgen, so wurde argumentiert, dann entstehe im besten Falle **träges Wissen**, das auf der Ebene eines von der Realität losgelösten Sprachspiels verbleibe (vgl. Reetz 1996: 175). Als praktisches Folgeproblem entstehe die Schwierigkeit vieler Lernenden, Gelerntes in Anwendungssituationen abzurufen.

Die heftige Kritik sowohl an den erkenntnistheoretischen Grundlagen der Instruktionstheorien als auch an ihren praktischen Folgeproblemen beim Lerntransfer führte Anfang der 80er Jahre zu einem tief greifenden didaktisch-methodischen Paradigmenwechsel in der deutschen Diskussion.

3.2
Öffnung der Lernwege: Handlungstheorie und Konstruktivismus

Seit Ende der Achtziger Jahre sind Konzepte, die auf eine immer perfektere Durchstrukturierung der Lehrmaterialien abzielen, etwas aus der Mode geraten. Stattdessen gehen viele Didaktiker heute davon aus, es sei sinnvoll, die Verantwortung für das Gelingen des Lernprozesses und damit auch für dessen Organisation und Ablauf stärker *auf die Lernenden selbst* zu übertragen.

Mit einer solchen Perspektive verändert sich auch die Sicht auf das Lernen selbst: Dieses wird nun nicht mehr mit der Akkumulation von Wissenselementen gleichgesetzt, sondern als ein selbst vollzogenes Einleben (Enkulturation) in eine Expertenkultur verstanden. Nicht mehr der schrittweise, fremdorganisierte Nachvollzug fremddefinierter Lernschritte, sondern – in Analogie zum kindlichen ‚Hineinwachsen' in eine von Erwachsenen geformten Welt – das komplexe Einleben in Könnerschaft wird zum Idealbild des Lernens.

In Studien zum Unterschied zwischen Könnern und Anfängern (Experten- /Novizen-Forschung) hatte sich gezeigt, dass Expertenwissen keinesfalls nur auf einer größeren Ansammlung von Faktenwissen beruht. Der Unterschied zwischen Experten und Novizen besteht vielmehr darin (vgl. Hacker/Skell 1993: 73f.) , dass Könner

- umfangreiche Tätigkeitsabschnitte psychisch **automatisieren**, so dass Ressourcen zur Einordnung des Vorganges in die Gesamthandlung oder für die Vorbereitung kommender Schritte freiwerden,

- die Tätigkeit **flüssig** vollziehen, ohne Eile zügig arbeiten, und die Grenzen zwischen den einzelnen Arbeitsschritten verwischen lassen,

- **externe Störungen** (Hitze, Lärm etc.) weniger leistungsmindernd werden lassen, da die Tätigkeiten stärker automatisiert sind. Variationen im Arbeitsablauf selbst können dagegen als durchaus störend empfunden werden,

- in ihrem subjektiven Erleben die psychisch automatisierte Ausführung und sich selbst gleichsam zu **Werkzeugen** umfassender, bewusst regulierter Tätigkeiten werden lassen.

> „Der Zahnarzt fühlt ein Loch an der Spitze des Instrumentes im Zahn des Patienten, nicht aber an seinen Fingern oder dem Handgelenk, die dieses Instrument führen. Der hochgeübte Baggerfahrer erlebt sich nicht als in der Kabine sitzend und Hebel bedienend, sondern er führt die Baggerschaufel gleichsam außen an ihrem Einschnittpunkt in die Erde."
> (Hacker/Skell 1993: 77)

Sieht man einem Könner oder einer Könnerin bei der Arbeit zu, so scheint ihre Aufmerksamkeit über weite Strecken gar nicht beim Arbeitsgegenstand zu bleiben. Dann plötzlich aber ist die Person wieder ganz bei der Sache, vielleicht ist eine unerwartete Schwierigkeit aufgetaucht oder eine kritische Situation wurde antizipiert. Auch die Kurve der Anspannung und Belastung verläuft bei Menschen mit einem ausgeprägten persönlichen Arbeitsstil anders als bei Neulingen: Während letztere sich zu Beginn der Arbeitszeit besonders anstrengen und die Kraft sich dann relativ rasch verbraucht, nutzen Experten und Expertinnen ihre Arbeitskraft insgesamt sparsamer. Sie benötigen für Routinetätigkeiten weniger Energie, setzen diese dann aber gezielt in prekären Situationen oder bei auftretenden Problemen ein.

Hacker/Skell schlussfolgern aus diesen Befunden:

> „Anfänger und Könner unterscheiden sich nicht ausschlaggebend in einzelnen Kenntnissen oder Fertigkeiten, sondern in komplexen Vorgehensweisen oder Strategien, deren unselbstständige, integrierte, abhängige Bestandteile Wissen, Fertigkeiten oder intellektuelle Fähigkeiten sind. Das Aneignen derartiger Vorgehensweisen ist also nicht zurückführbar auf die Aneignung der Gesamtheit von Kenntnissen oder Fertigkeiten, sondern es ist die Aneignung umfassender Tätigkeiten mit einem unterschiedlichen Allgemeinheitsgrad." (Hacker/Skell 1993: 77)

Die Zergliederung von Lerninhalten im Sinne einer Sequenzierung und Dosierung sei daher dem Lernerfolg und vor allem der Anwendung des Gelernten nicht zuträglich. Handlungsorientierte Didaktiker favorisieren stattdessen die tätige Auseinandersetzung mit einem Lerngegenstand möglichst innerhalb eines natürlichen Handlungskontextes, so dass der Lernprozess an bestehende Vorerfahrungen anknüpfen und zu neuen kognitiven Vernetzungen führen könne.

Als theoretische Basis der handlungsorientierten, offenen Lehr-/ Lernkonzepte dienen zum einen handlungstheoretische, zum anderen konstruktivistische Ansätze aus der Lehr-/Lerntheorie, bei denen wir uns – aus Gründen, die zu erläutern sein werden – für das erstere und (mit Einschränkungen) gegen das letztere Konzept entscheiden.

3.2.1
Handlungstheoretische Konzepte

Handlungsorientierte Didaktikkonzepte gründen sich im Wesentlichen auf zwei Richtungen der Handlungstheorie, nämlich einerseits auf die materialistische Tätigkeitspsychologie nach Wygotski, Galperin und Rubinstein und andererseits auf die kognitive Handlungstheorie im Sinne von Hacker und Volpert.

Die **materialistische Tätigkeitspsychologie** geht davon aus, dass Menschen sich den Zusammenhang mit der Welt, in der sie leben, selbst tätig herstellen. Sie tun dies dadurch, dass sie handelnd eine

Beziehung zwischen äußeren Gegenständen und inneren Erkenntnissen aufbauen.

Tätigkeit ist nach dieser Auffassung *„der Gesamtzusammenhang, in dem sich der Mensch die reale Welt zu Eigen macht, der Gesamtprozess, in welchem er die objektive Welt (z.B. Gebrauchsgegenstände, Technik, Wissenschaft, Kultur) in subjektive Formen umwandelt (in Vorstellungen, Bewusstsein, Sprache). Aber auch sich selbst – ebenso wie die Außenwelt – kann der Mensch durch Tätigkeit begreifen und verändern."* (Gudjons 1994: 38, Hervorh. im Text)

Die psychische Leistung des Handelnden besteht in der Übertragung des äußeren materiellen Handelns in Wahrnehmungen, Vorstellungen und Begriffe. Diese Übertragung wird auch „Widerspiegelung" genannt. Widerspiegelungen sind nun aber keine passiv-mechanischen Kopien der Realität, sondern eine komplizierte, dialektisch-widersprüchliche Übersetzung des Materiellen in Ideen: Menschliches Lernen entspricht damit einem Prozess, bei dem sich Menschen etwas aneignen, das andere Menschen bereits vergegenständlicht haben. Es spiegelt die unabhängig existierende objektive Welt im Subjekt wider, andererseits wird die Realität durch die Wahrnehmung und Interpretation des Subjektes gebrochen.

Anders als die materialistische Tätigkeitspsychologie grenzen sich **kognitivistische Handlungstheorien** von behavioristischen Ansätzen dadurch ab, dass sie Handeln (im Gegensatz zum Verhalten) als Ausdruck einer aktiven, durch das handelnde Subjekt gesetzten Zielsetzung verstehen. Handlungen sind demnach Verhaltensweisen, die „Maßnahmen und Sachen bewusst einsetzen, um ein Ergebnis zu erreichen" (Aebli 1983: 185)

Während die Behavioristen menschliches Verhalten vor allem als Reaktion auf Außenreize wahrnehmen, stehen bei Handlungstheoretikern reflexive Subjekte mit eigenen Sinn- und Zielvorstellungen im Vordergrund.

Die Steuerung dieses Handelns erfolgt mit Hilfe eines kybernetisch angelegten Rückkoppelungsprozesses in Form von sog. TOTE-Einheiten[10], die wiederum hierarchisch-sequenziell gegliedert sind. Komplexe Handlungen folgen demnach Ober- bzw. Grobzielen, die sich in Teilziele und zu diesen gehörige Handlungsschritte untergliedern lassen. Das sukzessive Durchlaufen bzw. Abarbeiten der Teilziele in Form von TOTE-Operationen führt dann – im günstigen

---

[10] Test > Operate > Test > Exit. Ziele gelten dann als erreicht, wenn die Entscheidungsinstanz, die den Test durchführt, dem Handelnden die Übereinstimmung zwischen Testergebnis und ursprünglichem Ziel rückmeldet.

   ■ *3 Didaktik für Selbst-Lernarrangements*

Fall – zum Erreichen des Oberzieles (ausführlich hierzu vgl. z.B. Volpert 1989: 12ff.).

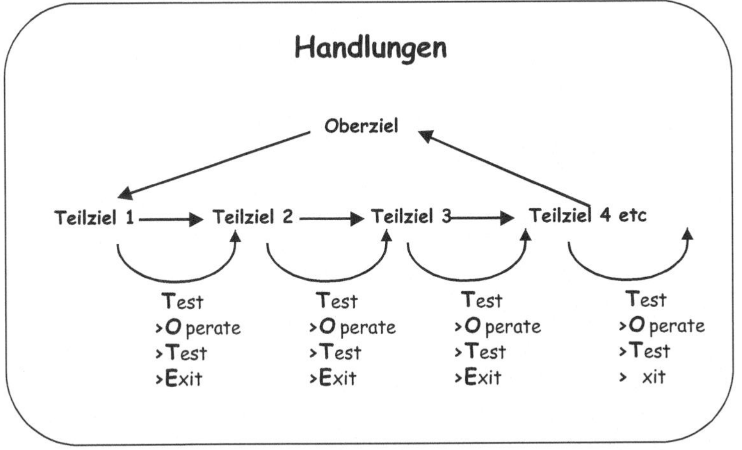

Abbildung 3: Handlungen nach dem TOTE-Modell:

Im weniger günstigen Falle bzw. beim Auftreten von Hindernissen kommt es in der Regel zur Modifikation des Zieles, der Teilziele bzw. der Handlungsschritte oder aber zum Abbruch der Handlung.

Da Subjekte jedoch gewöhnlich bestrebt sein werden, gesetzte Ziele auch zu erreichen, sind sie an möglichst effizienten Handlungsweisen interessiert. Diese zeichnen sich dadurch aus,

- dass die gesetzten Ziele **realistisch** sind, d.h. dass sie in allen Aspekten vollständig erfasst und voraussichtlich erreichbar sind,

- dass das Handeln **stabil-flexibel** ist bzw. dass es verarbeitete Rückmeldungen ermöglichen, Pläne zu modifizieren, ohne das Oberziel aus dem Blick zu verlieren und drittens,

- dass das Handeln **organisiert** verläuft, d.h. die hierarchisch-sequenzielle Organisation voll ausgebildet ist. Nur dann können nämlich die höheren Ebenen entlastet werden und das Individuum kann sich antizipatorisch-planerischen Aufgaben zuwenden (vgl. Edelmann 1993: 314f.).

Dass Handeln Zielen folgt, bedeutet also nicht, dass Handelnde ihre Schritte bis zur Erreichung des Oberzieles bewusst und minuziös vorgeplant hätten und diese Planung dann starr abarbeiteten. Typisch ist vielmehr, dass Menschen nur ein allgemeines Handlungsziel festlegen und die späteren Schritte relativ unspezifisch abschätzen. Stabile Zielverfolgung mit flexiblen Mitteln erweist sich letztlich als erfolgversprechender als eine vorauseilende rationale Detailplanung.

Als Grundlage zur Entwicklung effizienter Handlungspläne muss das Individuum jedoch – und eben hier setzen handlungstheoretische Lehr-/Lernstrategien ein –

- erstens über hinreichend detaillierte **Informationen** zur konkreten Aufgabe,

- zweitens über geeignete **Problemlösungsstrategien** (Heurismen, verallgemeinerte Verfahren),

- drittens über einen angemessenen **Handlungsraum** sowie

- viertens über aufgabenentsprechende **Fertigkeiten** (stabile Bewegungsabläufe und Verhaltensrepertoires) verfügen (vgl. Greif 1996a: 62).

Durch unser Handeln verändern wir unsere Umwelt, gleichzeitig verändern wir uns jedoch selbst durch das Handeln, indem wir uns Wissen über den Handlungsgegenstand und über die Handlungsmodi aneignen. Volpert erklärt diesen Vorgang der Wissensaneignung mit einer Analogie: Er behauptet, Lernen entspreche einem **Resonanzvorgang** zwischen einer durch die Handlungssituation bewirkten aktuellen Erregungskonstellation einerseits und einem vom Individuum ‚über die Zeit transportierten‘ flexiblen Muster als Resultat individueller Erfahrungen. Diese Muster schließen emotionale Wertungen und Handlungsprogramme mit ein und tragen die Merkmale eines Schemas, d.h. sie enthalten weit gehend unveränderliche Kernbereiche, die meist durch einen Prototypen veranschaulicht werden können und einen Bereich zugelassener Variation (Volpert 1989: 127).

Das heißt: Die Erfahrungen, die Menschen im Laufe der Zeit sammeln, gerinnen in bestimmten Wahrnehmungs-, Handlungs- und Wissensmustern mit einem festen, relativ unveränderlichen Kern und einem Bereich möglicher Varianzen. Diese bestehenden Muster werden mit neuen, durch spezifische Handlungssituationen ausgelösten ‚Erregungskonstellationen‘ abgeglichen und dabei u.U. modifiziert.

Dies sind nun freilich recht abstrakte Überlegungen, jedenfalls aus der Sicht derer, die sich doch nur um eine didaktisch begründete Haltung bei der Konstruktion von Selbst-Lern-Materialien bemühen. Uns kam es bei ihrer Darstellung vor allem darauf an herauszuarbeiten, aus welchen Gründen wir die *Handlung* und nicht die *Information* bei der Erstellung von Lernmaterialien zur wichtigsten Kategorie und kleinsten Grundeinheit wählen.

Lernen findet dann am effizientesten und nachhaltigsten statt, wenn es sowohl in Bezug auf die Auswahl von Lerninhalten, als

3 Didaktik für Selbst-Lernarrangements

auch bei der Gestaltung der Lernsituation als auch im eigentlichen Lernprozess selbst in Form von Handlungen strukturiert ist.

Methodisch lässt sich die Handlungstheorie in der Pädagogik z.B. in eine stärkere Beteiligung der Sinne und vermehrte Eigenaktivität der Lernenden übersetzen. Das *Lernen durch Nachahmung* erlebt eine Renaissance. Durch Beobachtung werde es Lernenden möglich, so wird argumentiert, Arbeitsvollzüge als ganze Tätigkeit gezielt wahrzunehmen, gedanklich zu durchdringen und vorwegnehmend im Sinne einer geistigen Probehandlung durchzuspielen.

Vollständige Handlungen seien sprachlich zum Teil gar nicht abbildbar und zwar insbesondere dann nicht, wenn automatisierte Bewegungen und Körperhaltungen dazu gehörten. Man solle nur einmal versuchen, argumentieren Hacker und Skell, das Binden einer Krawatte mit Worten zu umschreiben, ohne die Bewegung dabei demonstrierend selbst zu vollziehen.

Gleichzeitig kann *Lernen durch Beobachtung* nicht mit *„Hinsehen und gedankenlos Nachahmen“* übersetzt werden.

> „Lernen durch Beobachten bedeutet aktive Auseinandersetzung mit dem Lerngegenstand. Daher muss der Lernende aufgefordert und angeleitet werden, mitzudenken, die Tätigkeit des Vorbilds in Bestandteile aufzugliedern und gleichzeitig deren Zusammenhänge zu erkennen, die gesehene Tätigkeit vorstellungsmäßig mitzuvollziehen." (Hacker/Skell 1993: 229)

Der beobachtete Tätigkeitsverlauf wird in seine Bestandteile aufgegliedert und ihr systematisierter, hierarchisierter Ablauf durch Wortmarken gekennzeichnet. Hacker und Skell sprechen auch von der Selbstinstruktion, bei der diese Wortmarken zunächst wörtlich während des Nachahmens wiederholt und später immer stärker verkürzt und interiorisiert werden[11].

Auch andere Lehrmethoden, die sich an der Selbsttätigkeit der Lernenden orientieren und auf Handlungen als kleinster Einheit des Lernens abstellen, wie etwa der Projektunterricht oder bestimmte Formen der Einzel- und Gruppenarbeit, gewinnen in den letzten Jahren an Bedeutung.

3.2.2
Konstruktivistische Grundlegungen

In den vergangenen zehn bis fünfzehn Jahren sind konstruktivistische Lehr-/Lernkonzepte zu einer dominanten theoretischen Rich-

---

[11] Im Falle des Krawattenknotens etwa sprachliche Impulse wie „erst so herum, dann da herum, jetzt hier durchstecken"... (Hacker/Skell 1993: 223)

tung avanciert. Gerade in der Diskussion um die Konzeptionierung einer Multimedia-Didaktik werden sie häufig genutzt, um die Sinnhaftigkeit interaktiver und auf Handlungssituationen bezogener methodischer Ansätze zu begründen. Wir halten die in diesem Zusammenhang häufig vorgetragenen Argumente teilweise für nicht unproblematisch und werden dies im Folgenden zu begründen versuchen.

Die erkenntnistheoretischen, lernpsychologischen und didaktisch-methodischen Ansätze, die unter der Bezeichnung **Konstruktivismus** zusammengefasst werden, nähren sich (nach Gerstenmaier/ Mandl 1995: 869) aus drei Theoriequellen:

- einer gehirnphysiologisch begründeten Konzeption, beruhend auf der These von Schmidt und Roth, das Gehirn sei ein kognitiv in sich geschlossenes System, welches Signale nach selbst entwickelten Kriterien wahrnehme und deute,

- einer kognitionswissenschaftlichen Variante mit Bezug auf Maturana und Varela. Diese chilenischen Neurophysiologen postulierten, kognitiv verarbeitet werde ausschließlich das, was dem Strukturerhalt des Organismus diene. Das Gehirn eines Menschen funktioniere als funktional geschlossenes, selbstreferenzielles System, das Informationen nur durch den Filter individueller Wahrnehmungsmuster aufnehme und dann zu ebenso individuellen Wissensstrukturen umwandle. Die Wirklichkeit unterscheide sich radikal von den menschlichen Konstrukten über sie und letztere könnten daher nicht nach dem Kriterium der Wahrheit, sondern lediglich dem der Nützlichkeit (viability) für das Überleben beurteilt werden. Und schließlich

- einer systemtheoretischen Konzeptualisierung, die lebende Systeme als autopoietisch geschlossen interpretieren. Neue Qualitäten dieser Systeme entstehen demnach nicht durch Transfer objektiv vorhandener Tatbestände, sondern durch Emergenz[12].

Lernpsychologische Konzepte, die aus diesen theoretischen Grundlegungen abgeleitet werden, werden auch als *„Neuer Konstruktivismus"* bezeichnet und lassen sich ihrerseits in die folgenden Varianten ausdifferenzieren:

---

[12] Als Emergenz wird in neueren philosophischen Schriften das Phänomen bezeichnet, das höhere Daseinsstufen aus niedrigeren entstehen, indem neue Qualitäten auftauchen.

3 Didaktik für Selbst-Lernarrangements

- Eine auf dem Pragmatismus Deweys fußender Ansatz aus dem Konstruktivismus beschäftigt sich vor allem mit der Frage, auf welche Weise Denken und Wissen gesellschaftlich konstruiert wird. Erst durch fortlaufendes Handeln in einem konkreten gesellschaftlichen Kontext entstehe gesellschaftlich geteiltes Wissen. Dieser *soziale Konstruktivismus* postuliert mit Rekurs auf die viel zitierte Veröffentlichung *„Gesellschaftliche Konstruktion der Wirklichkeit"* von Berger/Luckmann (1970), der Mensch produziere sich selbst, indem er einerseits eigene Gedanken und Vorstellungen externalisiere und sich andererseits durch andere bereits externalisierte, objektiv gewordene Wirklichkeiten aneigne. Die psychologisch relevante Wirklichkeit sei somit sozial konstruiert.

- Die *situierte Kognition* geht davon aus, kognitive Repräsentationen entstünden durch aktive gedankliche Wiederholungen während des Handelns. Situierte Kognition und situiertes Handeln seien damit letztlich äquivalent.

- Und *anthropologische Ansätze* basieren auf der Vorstellung, Individuen lernten im sozialen Kontext. Sie orientieren sich dabei in einer Kultur von „Experten" *(community of practice),* das heißt in einer Umgebung, in der Begrifflichkeiten, Handlungsroutinen und Interpretationen vorhanden sind, die den Erwerb des in Frage stehenden Wissens bereits voraussetzen. Die Lernenden bilden dann sukzessive Identitätskonstruktionen über Enkulturationsprozesse heraus und wachsen gleichsam in die Rolle der Experten hinein (Gerstenmaier/Mandl 1995: 875).

Gemeinsam ist den genannten Ansätzen die grundsätzliche erkenntnistheoretische Prämisse, Wissen sei nicht das Abbild einer objektiv auffindbaren Realität, sondern entspreche subjektiven Konstruktionen über diese. Es wird angenommen, die Welt existiere nicht unabhängig von der menschlichen Vorstellung von ihr. Dementsprechend existierten zahlreiche Möglichkeiten, die Welt zu strukturieren und viele Sichtweisen in Bezug auf jedes Ereignis, von denen keine wahrer als eine andere sei, sondern bestenfalls funktionstüchtiger (more viable).

Didaktische Ansätze, die Lernenden bestimmte Wissenselemente als objektiv zutreffend und unabhängig von subjektiver Erfahrung vorstellen, werden als *‚objektivistisch'* abgelehnt. Wissen werde in Form von Modellen gespeichert, die Ausgangspunkte einer netzwerkartigen Verknüpfung von Begriffen[13] bilden. Daher komme es beim Lernen weniger stark auf die Inhalte als vielmehr auf die Form und Gestaltung der Verknüpfungen an.

Nach konstruktivistischer Auffassung erfolgt eine wirksame Informationsaufnahme dadurch, dass kumulativ neue Informationen mit bereits vorhandenen verknüpft werden und dadurch kognitive Strukturen aufgebaut (konstruiert werden). Dieser Prozess erfolgt vorzugsweise

- **aktiv**, d.h. in handelnder Auseinandersetzung mit einem Lerngegenstand,

- **situiert** bzw. in einen konkreten Handlungskontext eingebettet und

- **interaktiv**, d.h. gemeinsam mit anderen.

Lernen ist zudem dann am erfolgreichsten, wenn der Schüler das Ziel kennt, auf das er hinarbeitet *(zielgerichtet),* und sein Vorgehen *selbstgesteuert* überwacht.

Eine direkte Belehrung sei dagegen schlechterdings unmöglich. Eine effiziente Unterstützung des Lernprozesses könne vielmehr nur auf der Grundlage einer „Ermöglichungsdidaktik" (Arnold) dadurch geleistet werden, dass den Lernenden anregende und lernhaltige Angebote in einer unterstützenden bzw. *starken Lernumgebung*[14] gemacht würden, ohne dass dieser Prozess durch die vorgängige Festlegung von präzisen Lernzielen oder -methoden eingeengt wäre. Konstruktivistische Lehr-/Lernkonzepte fußen auf der Vorstellung einer aktiven, mit anderen geteilten Auseinandersetzung des Lernenden mit einer ganzheitlich angelegten Problemstellung. Fehler werden als bedeutsame Lernanlässe begrüßt, ein emotionales Umgehen und die persönliche Identifikation mit dem Lerngegenstand angestrebt. Evaluation findet vor allem als Selbstevaluation statt.

---

[13] Das Modell des semantischen Netzwerkes (vgl. Bredenkamp, J./ Wippich, W. (1977): Lern- und Gedächtnispsychologie, Band II, Stuttgart, S. 108ff.) beschreibt das menschliche Lernen als fortwährende Verknüpfung neuer Informationen mit bereits gewonnenen Erfahrungen und Wissensbestandteilen.

[14] Grundlegende Aspekte für die Gestaltung *starker Lernumgebungen* sind nach Dörig (1995): die Authentizität und Situiertheit des Lernangebotes, die Darstellung der Inhalte in multiplen Kontexten, die Einnahme multipler Perspektiven bei ihrer Bearbeitung sowie das Bestehen eines sozialen Kontextes im Lernfeld. Und: Erst wenn der tatsächlich vorhandene und subjektiv wahrgenommene **Handlungsspielraum** vom Lernenden auch genutzt wird, fördere sie die Konstruktion von Wissen.

Eine Rückkoppelung über die Sinnhaftigkeit der erarbeiteten Wissenskonstrukte stellt bei diesen Konzepten nicht mehr der Vergleich mit Lernzielen dar, sondern vor allem die Reibungslosigkeit des Funktionierens in der handelnden Umsetzung.

In der Erwachsenen- und Berufspädagogik werden konstruktivistisch begründete Lehr-/Lernkonzepte seit Jahren breit rezipiert. Und auch die Konstruktivisten beziehen sich in ihren Lehr-/Lernkonzepten immer wieder auf Gegenstandsbereiche aus der beruflichen Bildung. So beruht etwa das häufig angeführte Lehr-/Lernmodell des **cognitive apprenticeship** ursprünglich auf ethnografischen Untersuchungen Laves aus einer Schneiderwerkstatt. Collins, Brown und Newman (1993) leiteten aus ihren dort gesammelten Beobachtungen ein Lehr-/Lernkonzept ab, bei dem der Meister einen Arbeitsvorgang zeigt *(modeling)*, Hinweise gibt, korrigiert und bewertet *(scaffolding bzw. coaching)* und sich schließlich nach und nach aus dem Prozess zurückzieht *(fading)*. Durch das Zusammenspiel der drei Sequenzen erwerben die Lernenden nicht nur berufsspezifische Kenntnisse und Fertigkeiten, sondern lernen auch, den Arbeitprozess selbst zu planen, zu steuern und zu bewerten.

Im Unterschied zur herkömmlichen Berufslehre externalisieren die Lernenden dann, wenn es um das Erlernen kognitiver Kenntnisse geht, bestimmte Techniken und Prozesse, die gewöhnlich intern ablaufen wie z.B. *‚Nachdenken über Unterschiede'* (reflection on differences). Dieses *Nachdenken über Unterschiede* wird dadurch initiiert, dass das Handeln von Experten und Novizen, d.h. Selbsttun und Beobachten sich abwechseln. Zu *Modeling, Scaffolding* und *Fading* kommen dann noch *Articulation* (z.B. durch peer-coaching, Gruppengespräche oder schriftliche Dokumentation) und *Reflection* (z.B. durch lautes Denken, Führen von Arbeitsheften, Arbeitsrückblicke etc.) hinzu. In deutlicher Analogie zur Vierstufen-Methode[15] aus der betrieblichen Lehre betont die Metapher der kognitiven Berufslehre damit die aktive, situative, interaktive und kulturell eingebundene Natur des Lernens.

In (unscharfer) Abgrenzung davon geht das Konzept des **exploratorischen Lernens** davon aus, dass wir am interessiertesten lernen und am besten behalten, was wir selbst und aus eigener Motivation erforschen. Das natürliche Lernverhalten des Menschen, so wird unterstellt, sei das einer unsystematischen, eher zufällig wirkenden

---

[15] *Vorbereiten*: Lerngegenstand und -ziel erklären ->*Vormachen* und *Erklären*: der Vorgang wird als gesamte Einheit und in einzelnen Teilschritten gezeigt ->*Nachmachen*: der Lernende vollzieht die Arbeitsschritte nach ->*Üben*: das Gelernte wird durch selbständiges Üben gefestigt.

Suchbewegung, die sich ausschließlich an eigenen, noch ziemlich unsortierten Lernbedürfnissen orientiert und sich dem eigentlichen Lerngegenstand eher auf Umwegen nähert.

Am Beispiel des Erwerbs von Computerwissen lässt sich dies besonders gut illustrieren. Die meisten Benutzer und Benutzerinnen hangeln sich mit einigen wenigen Grundinformationen solange durch die Programme, bis Fehler auftreten oder sie einen Wunsch an das Programm entwickeln, dessen Erfüllung sie ihm mit den bislang erworbenen Kenntnissen nicht entlocken können. Erst dann ergründen sie (und zwar in unsystematischen, eher assoziativ gesteuerten, häufig jedoch durchaus erfolgreichen) Suchbewegungen weitere Wissensstufen.

Diese Erfahrung aufgreifend haben Greif und andere ein Trainingsverfahren für den Computerunterricht entwickelt, das dem spontanen Suchverfahren insofern folgt, als sog. minimale Leittexte *(minimal manual)* erst nach einer Phase spielerischen Umgangs mit dem Programm und leichten Einstiegsübungen gegeben werden. Die Texte sind absichtlich so minimalistisch und kurz gefasst, dass sie eine eigenständige Interpretation geradezu erzwingen. Die Teilnehmer lernen dann anhand eines kurzen, ziel- und handlungsorientiert gestalteten Arbeitsheftes, werden darüber hinaus jedoch auch zu selbstständigem Explorieren und vor allem zum produktiven Fehler-Machen bzw. -bewältigen angehalten (Greif/Kurtz 1996).

Ein dem explorativen Lernen sehr ähnliches Konzept ist das maßgeblich von J.S. Bruner entwickelte **entdeckende Lernen**. Ein viel zitiertes Unterrichtsbeispiel erzählt, wie dieser Schüler und Schülerinnen eine nicht-beschriftete Topografische Karte eines nicht weiter bezeichneten Landes präsentierte und fragte, an welchen Orten die Bildung von Städten wahrscheinlich sei. Es entspann sich – so berichtet Bruner – eine Diskussion um Wasserwege, topografische Gegebenheiten, Minerallagerstätten etc. Hypothesen wurden gebildet, verworfen und weiterverfolgt bis schließlich eine konsensual erarbeitete Theorie darüber vorlag, wo sich Städte gebildet haben könnten, die sich dann an der Realität überprüfen ließ.

Der Vorteil dieses induktiven Vorgehens liegt nicht nur im Erlebnis der eigenen Entdeckungsfreude, sondern vor allem in der Einsicht in die zu Grunde liegende Struktur von Informationen. Entdeckendes Lernen wird (im Unterschied zum rein explorativen Lernen) gezielt initiiert und umfasst eine weite Skala zwischen ‚völlig ungelenktem‘ bis ‚angeleitetem Entdecken‘. Unterschieden wird *induktives Lernen*, bei dem Begriffe und Regeln aus Beispielen abgeleitet werden (WIG-Lernen)[16] und *forschendes Lernen,* bei dem Variablen und deren Zusammenhänge vom Lernenden selbst erkundet werden sollen.

So weckt bei der von Bransford und Mitarbeitern entwickelten *anchored instruction* ein narrativer Anker Interesse, lenkt Aufmerksamkeit und erlaubt den Lernenden eine Identifizierung mit Problemen. Die Forschungsgruppe (The Cognition and Technology Group at Vanderbilt) z.B. stellte Grundschülern anregende Abenteuergeschichten auf Video vor – zu den bekanntesten Beispielen zählen *„The Adventures of Jasper Woodbury".* In diesen Geschichten sind zahlreiche Problemstellungen implizit enthalten, welche die Schüler identifizieren und in Gruppen bearbeiten. Auch alle Informationen zur Lösung der Probleme können dem Video entnommen werden. Um den Schülern und Schülerinnen zu verdeutlichen, dass das erarbeitete Wissen nicht nur auf eine einzige Situation anwendbar ist, sondern gewisse Regelhaftigkeiten damit verbunden sind, werden die Geschichten aus unterschiedlichen Perspektiven geschildert und die Dekontextualisierung des Wissens in Gesprächen unterstützt.

Im letzten Jahrzehnt galten konstruktivistische Lehr-/Lernkonzepte recht unisono als ‚state of the art' und wegweisend für die methodisch-didaktische Gestaltung von Lehr-/Lernsituationen. Gerade die Einhelligkeit, mit der Zielsetzungen wie Handlungsorientierung, Ganzheitlichkeit oder Situationsbezug verfolgt werden, lässt allerdings befürchten, dass dieser Hochkonjunktur relativ bald ein negativer Konjunkturzyklus folgen könnte. Ansatzpunkte für die langsam aufkeimende Kritik am Konstruktivismus sind zum einen theoretischer Natur. Zum anderen jedoch – und darin sehen wir den Grund für die zögerliche Verbreitung der Konzepte in Schulen und Betrieben – bringen sie jenseits des (immer wieder dafür als Begründung angeführten) größeren Aufwandes auch andere Probleme mit sich.

Eine ganz grundsätzliche Kritik am Radikalen Konstruktivismus entzündet sich z.B. an der Frage, inwieweit die These der operationalen Geschlossenheit des Denkens und damit die Unmöglichkeit, Realität maßstabgerecht wahrzunehmen, zutrifft. Bezweifelt wird dabei sowohl die Richtigkeit der These von der Selbstbezüglichkeit der Wahrnehmung und des Denkens an sich, als auch – und dies

---

[16] Perkins unterscheidet Lehr-/*Lerndesigns ‚beyond the information given'* (BIG) von solchen ‚without the information given' (WIG), merkt aber selbst an: *„Of course, to call this latter approach ‚without the information given' exaggerates somewhat. Certainly a great deal of information is available from the phenomena and the scaffolding provided by the teacher. However, direct information is withheld."* (Perkins 1992: 50)

erscheint im hier angesprochenen Kontext bedeutsamer – die Relevanz der These für pädagogische Zusammenhänge. Inwieweit ist die Prämisse, Realität werde nicht entdeckt, sondern erfunden, wobei jede ‚Erfindung' zunächst einmal gleichwertig sei und erst durch Anwendung in der Interaktion mit anderen auf ihre Funktionalität hin überprüft werden könne, in pädagogischen Situationen hilfreich? Richtet sich die damit nahe gelegte Beliebigkeit von Theorien nicht letztlich gegen die Lernenden?

Konstruktivisten wie Jonassen betonen, es gebe zahlreiche Wege, die Welt zu strukturieren und viele Perspektiven und Bedeutungen für Tatsachen. Eine korrekte Auffassung der Welt könne nicht ausgemacht werden und eine *„ultimate shared reality"* könne nicht die Basis für didaktische Überlegungen darstellen (Duffy/Jonassen 1992: 3). Daher sei es notwendig und angemessen, jeweils unterschiedliche Ansichten und individuelle Sichtweisen zu einem Sachverhalt zuzulassen, mit dem Ziel, Lernenden die Erarbeitung einer selbst gewählten Position zu ermöglichen[17].

Doch verzichtet man auf den Versuch der Sicherung von Theorien, entsteht der Eindruck eines weitgehend beliebigen *„anything goes"*, der sich im konkreten gesellschaftlichen Anwendungskontext rasch als nicht praktikabel erweist – in einem gegebenen sozialen Gefüge bestehen durchaus konsensuale Vorstellungen darüber, welche Annahmen über Wirklichkeit Gültigkeit haben sollen und welche als abweichend klassifiziert werden. Einige Konstruktionen der Realität werden dabei von einer großen Mehrheit als passend und unproblematisch erlebt (z.B. Konstruktionen davon, auf welche Weise ein Telefon bedient werden soll), andere dagegen nur innerhalb bestimmter Milieus (z.B. Konstruktionen davon, wie Mädchenerziehung angemessen zu bewerkstelligen ist). Dennoch ist auch im letzteren Fall weder die Feststellung des Konsens noch die der Abweichung willkürlich, selbst wenn divergierende Meinungen respektiert und als anregend empfunden werden können (Girgensohn-Marchand 1996: 93).

In einem pädagogischen Verhältnis eine Gleichwertigkeit möglichst aller Realitätskonstrukte anzunehmen, verlagert die Verant-

---

[17] Dazu bemerkt der Instruktionist Merril (1992: 108) lakonisch (frei übersetzt): *„Wollen wir wirklich, dass unsere Schüler eine ‚selbst gewählte Position' zu dem Problem einnehmen, welche Tasten einer Tastatur welchen Buchstaben auf dem Bildschirm zugeordnet sind? ... Und: wenn ich je einen Herzchirurgen benötige, BITTE lass mich einen haben, der vom Trivialfall ausgeht und weiß, dass mein Herz gerade so aussieht, wie alle anderen menschlichen Herzen. Bitte lass ihn nicht neue Bedeutungen suchen und meine Arterien in einer ‚selbst gewählten Position, mit der er sich identifizieren kann' zusammennähen. "*

wortung, die Gültigkeit von Lerninhalten festzustellen, auf den Lernenden selbst – eine unzulässige und auch unnötige Verschiebung, wie inzwischen einige Autoren und Autorinnen anmerken. Denn auch in der traditionellen Pädagogik gilt die Annahme, dass sich *„das Individuum in seiner Welt verhält"* (Girgensohn-Marchand 1996: 113) inzwischen weitgehend als Selbstverständlichkeit und schlägt sich z.B. in Motivationsstrategien, didaktischen Konzepten und Methoden nieder. Zum anderen existieren ja durchaus vielfach erprobte Konstruktionen, die, wenn auch vielleicht nicht als wahr, so doch als funktionierend vorausgesetzt und vermittelt werden können.

Auf lerntheoretischer Ebene lässt sich – unserer Ansicht nach sehr plausibel – gegen den radikalen Konstruktivismus anführen, dass selbst dann, wenn man die genannten erkenntnistheoretischen Prämissen des Konstruktivismus akzeptiert, didaktische Prinzipien und Lernziele daraus kaum abgeleitet werden können. Der Mensch bildet die Welt nicht im 1:1 Maßstab ab, sondern konstruiert im Lernprozess einen subjektiven Entwurf von ihr. Aus dieser Grundtatsache ist jedoch nicht notwendig ableitbar, unter welchen Bedingungen Lernende bei diesem Prozess unterstützt werden können.

Mit einer verstärkten Orientierung an Handlungs- und Praxissituationen geht ja durchaus nicht notwendig eine größere Offenheit bezüglich der Richtung des Lernens einher. Gerade authentische Situationen enthalten häufig sehr präzise Lerngegenstände und geben Verhaltensroutinen vor, ohne sie weiter zu begründen oder in Frage zu stellen. Ja, in der Anwendungsnähe kann geradezu der Prototyp einer Einengung der didaktischen Möglichkeiten gesehen werden. Ob die Konstruktion von Wissen erleichtert wird, wenn dem Lernenden nicht-vorstrukturierte Reize (die vom Lernenden erst noch zu strukturieren sind) oder aber – wie im konventionellen Fall – vorstrukturierte Reize geboten werden, ist empirisch kaum zu belegen.

Die konstruktivistische Position, Lehren sei eine Illusion, erweist sich jedenfalls als unzutreffend. Zwar ist das Gelingen von Lehre kein Automatismus (das behaupten auch Instruktionisten, abgesehen von einigen radikalen Behavioristen) nicht. Doch – wie Hoops (1996: 9) anführt – weiß zwar, wer Integralrechnung in der Schule unterrichtet, nicht, wie viele Schüler diese hinterher beherrschen werden, doch gilt umgekehrt, dass jeder (mit Ausnahme von Leibniz), der die Integralrechnung beherrscht, sie zuvor von anderen gelernt hat.

Schließlich erscheint uns auch als zweifelhaft, inwieweit sich die von Konstruktivisten als zukunftsweisend favorisierten Lehr-/Lernmethoden tatsächlich so grundlegend von instruktionistischen Methoden unterscheiden. Wo z.B. Leitfragen das Lernen strukturieren, werden häufig recht präzise instruktive Elemente (*„Erarbeiten Sie die für diesen Schritt notwendigen Kenntnisse mit Hilfe des Kapitels* *xy und fertigen Sie eine entsprechende Planskizze an"*) gegeben. Und auch das z.B. im Kontext des beobachtenden Lernens lancierte ‚Mitsprechen' kann wohl kaum als Möglichkeit, eigene Zugangsweisen zu entwickeln, bezeichnet werden.

Jenseits dieser theoretischen Zweifel entstehen durch konstruktivistische Lernkonzepte zahlreiche praktische Probleme, die sich vor allem in der Frage nach dem vertretbaren Aufwand, der Frage nach der Kompetenz der Lernenden zur Lernsteuerung sowie der ungeklärten Effizienz der als konstruktivistisch bezeichneten Lernmethoden zuspitzen.

Nimmt man die erkenntnistheoretische Grundlage des Konstruktivismus für bare Münze, dass jedes Individuum ein eigenes Wissensmodell konstruiert, das dann durch handelndes Zusammenwirken mit anderen auf seine Funktionalität hin überprüft wird, so ist im Grunde eine individuelle Begleitung des Lernprozesses angemessen. Es liegt auf der Hand, dass die personelle Ausstattung der meisten Bildungsinsititutionen dies kaum zuließe. Dazu kommt, dass die Voraussetzung, für einen erfolgreichen Wissenstransfer seien immer mehrere Lernsituationen mit ähnlichen Bezugsvariablen bereit zu stellen, auch den materiellen und zeitlichen Rahmen üblicher Bildungsstrukturen weit übersteigt.

Zweitens besteht in offenen Lernsituationen durchaus die Gefahr, Lernende in Bezug auf ihre Motivation, aber auch ihre Lernvoraussetzungen zu überfordern. Es muss als fraglich gelten, inwieweit Lernende ihre Fortschritte und Defizite tatsächlich realistisch einschätzen können. Bei der freien Methodenwahl zeigt sich jedenfalls, dass Lernende häufig nicht das Medium nutzen, welches didaktisch geeignet scheint, sondern jenes, das den geringsten Lern- und Arbeitsaufwand erfordert.

Und schließlich ist auch das Ausgangsargument konstruktivistischen Lernens, nämlich das Problem des Wissenstransfers, durch das handlungsorientierte Lernen letztlich nicht beantwortet. Die Instruktionstheoretiker gingen, wie erwähnt, davon aus, Lerntransfer entstehe dadurch, dass in unterschiedlichen Situationen ähnliche zu Grunde liegende Muster erkannt werden.

Radikale Konstruktivisten behaupten nun, diese Muster lägen nicht als abstrakt objektivierte Regel, sondern als je individuell assimilierte und mit eigenen Bedeutungen versehene Konstruktion vor. Sie nehmen an, dass es Wissen in Form abgespeicherter, aus dem Kontext gelöster Repräsentation von objektiv vorfindlichen Sachverhalten gar nicht geben könne und – in der Konsequenz – auch die Übertragung von Wissen von einem in einen anderen Kontext prinzipiell nicht möglich sei. Ihrer Ansicht nach entsteht Wissen stets in der Auseinandersetzung zwischen Person und Situation und kann auch nur innerhalb dieses konkreten Bezugskontextes konzeptualisiert werden, etwa in der Art wie das physikalische Phänomen der Bewegung ohne Bezug auf einen Referenzrahmen sinnlos bleibt. Das theoretische Problem der radikalen Konstruktivisten besteht daher nicht in der Erklärung des *Ausbleibens* von Lerntransfer, sondern in der Klärung der Frage, wie eine Verhaltenskontinuität über Situationen und Kontexte *überhaupt* theoretisch gefasst werden kann (vgl. Renkl 1996: 85).

Bei einer eher didaktisch-methodisch orientierten Variante des Konstruktivismus wird Lernen dagegen als Aufbau flexibler kognitiver Strukturen und ihr kontinuierlicher Vergleich mit Umweltbedingungen verstanden. Diese Didaktiker nehmen an, Lerntransfer gelinge dann, wenn sich subjektiv bedeutsame Zusammenhänge zwischen vorhandenem Vorwissen, Handlungssituationen und den ihnen zu Grunde liegenden Prinzipien herstellen ließen. Handlungskonzepte beinhalten bestimmte generalisierbare Elemente, so genannte Handlungsschemata, die wiederholbar sind und bei Wiederholungen eine gleich bleibende Struktur aufweisen. Innerhalb gewisser Grenzen sind sie auch auf neue Situationen einer ähnlichen Kategorie übertragbar (vgl. Edelmann 1993: 316).

Ob nun Muster, die aus unterschiedlichen Situationen stammen, aber vergleichbar sind, in objektivierter Form als ‚identisches Element‘ identifiziert werden können (wie von Instruktionisten angenommen) oder aber subjektiv konstruiert werden (wie Konstruktivisten unterstellen), sei dahin gestellt. Auf welche Weise der Aufbau flexibel einsetzbarer Handlungs- und Wissensstrukturen im Individuum am besten pädagogisch unterstützt werden kann, ist weder in dem einen, noch in dem anderen Fall entschieden!

3.3
Synthese: Die Spannung zwischen Erfahren und Erkennen

Die Darstellung und Diskussion der didaktisch-methodischen Konzepte zur Strukturierung von Lehr-/Lernsituationen hat für unseren Zusammenhang folgende Ergebnisse erbracht:

Der heute stark favorisierte konstruktivistische Ansatz erhellt vor allem lernpsychologisch bedeutsame Charakteristika des Lernens. Didaktikerinnen und Lernpsychologen haben in den letzten Jahren mit guten Gründen die Auffassung vertreten, *Lernen* können heute nicht mehr umstandslos als das direkte Ergebnis von *Lehren* aufgefasst werden. Aus heutiger Sicht muss vielmehr davon ausgegangen werden, dass Lernen einen komplexen, häufig auch informellen

Prozess darstellt, der sich aus unterschiedlichsten Stimuli und Informationsangeboten speist. Ganz grundsätzlich handelt es sich um eine eigenständige konstruktive Leistung des Individuums, bei der es darum geht, neue Informationen, Affekte oder Handlungsoptionen zu bereits vorhandenen in Beziehung zu setzen und durch die Verarbeitung des Fremden auf der Grundlage des bereits Bekannten zu neuen Wissensbeständen und Handlungsdispositionen zu gelangen. Es handelt sich dabei aus dieser Sicht um einen aktiven, je individuellen Vorgang, dessen Eigendynamik und relative Widerständigkeit gegenüber Steuerungsversuchen von außen wahrgenommen und berücksichtigt werden sollte.

Isolierte Wissensbausteine, welche Lernenden lediglich dargereicht werden, ohne entsprechende konstruktive Verarbeitungsleistungen in Gang zu setzen, bleiben als „träges Wissen" letztlich für das Handeln des Individuums folgenlos. Diese lernpsychologische Tatsache kann als wichtiger Erkenntnisfortschritt festgehalten werden und verändert die pädagogische Sichtweise ganz wesentlich.

Dagegen lassen sich – so sollte aus der vorangegangenen kritischen Diskussion deutlich geworden sein – *methodische* Konsequenzen aus dieser Erkenntnis nicht unmittelbar ableiten. Zum einen weisen die von Konstruktivisten vorgeschlagenen Methoden (etwa der Ansatz des Cognitive Apprenticeship) erhebliche Inkonsistenzen zu den zugrundegelegten Lerntheorien auf, da sie eigenständige Interpretationen und Problemlösungen durchaus nicht in dem Maße ermöglichen, wie sie es zu tun vorgeben.

Zum anderen ist die Notwendigkeit, solche Interpretationen absichtsvoll anzuregen, nicht zwingend, legt doch der Konstruktivismus selbst nahe, solche Interpretationen fänden in jedem Falle statt – und zwar ziemlich ungeachtet der äußeren Gestalt des Unterrichtes. Hilfreicher als konstruktivistische Konzepte erscheint uns daher der handlungstheoretische Ansatz. Dessen Grundidee, Handlungssituationen zum Ausgangspunkt des Lernprozesses zu wählen, fördert u.E. zum einen die Ausbildung breiter Kompetenzbereiche wie etwa Methodenwissen und Sozialkompetenz. Zum anderen bewirkt die aktive Auseinandersetzung mit dem Lernstoff mit höherer Wahrscheinlichkeit eine eigenständige Aneignung der Inhalte. Diese müssen mit vorhandenen Wissensbeständen verkoppelt und an der Realität überprüft werden, um nachhaltige Lernerfolge zu erzielen. Ausubel schon 1974 schlug den Begriff des *„bedeutungsvollen Lernens"* *(meaningful learning)* vor, um Lernprozesse zu charakterisieren, die sich nicht (wie das von ihm so bezeichnete) *„mechanische Lernen"* auf das Auswendiglernen von Wortketten oder Formeln beschränken, sondern ein tieferes Verstehen der *„Bedeutung"* des Gelernten implizieren.

 3 Didaktik für Selbst-Lernarrangements

Mit dieser Konzeptualisierung des Lernens als einem aktiven Vorgang, der ausschließlich durch Lernende selbst bewältigt werden kann, geht eine Ausdifferenzierung der Lehrmethoden einher. Nicht mehr nur kognitiv und rezipierend soll gelernt werden, sondern auch affektive, psychomotorische, methodenbezogene und selbstreflexive Elemente sind im Lehr-/Lernprozess zu berücksichtigen. Handlungsorientierung und Situationsbezug, Ganzheitlichkeit und Subjektorientierung werden in der aktuellen Didaktikdiskussion groß geschrieben.

Ganzheitlich konzipierte Lern**situationen**, in denen lernende Subjekte mit situationsgebundenen Problemstellungen konfrontiert werden, die sie dazu motivieren, eigene Wissensdefizite selbst entdecken und **Lernbedürfnisse** zu formulieren, um dann, basierend auf ihrem eigenen Vorwissen und unter kompetenter Zuhilfenahme von Informationsmöglichkeiten, Problemlösungen zu suchen, deren Realisierung zu erproben und reflektierend Schlüsse daraus zu ziehen – so stellt sich das Ideal moderner Didaktik und Methodik derzeit dar.

Obgleich wir diese methodischen Überlegungen im Grundsatz teilen, möchten wir für den Bereich des Selbst-Lernens zu bedenken geben:

Im Gegensatz zu jüngeren Lernenden, denen die Anwendungsmöglichkeiten eines bestimmten Lernstoffes noch unbekannt sind, besteht der Ausgangspunkt eines Lernprozesses bei Selbst-Lernenden oft darin, dass sie mit konkreten, handlungsbezogenen Problemstellungen konfrontiert sind, zu deren Bewältigung sie Bildungsmaßnahmen ergreifen.

Für das akademische Studium ist eine solche selbstgesteuerte und auf individuelle Lerninteressen ausgerichtete Wahl von Inhalten geradezu konstitutiv. In der Weiterbildung werden Lerninteressen häufig zwar durch externe Bedarfssituationen vorgegeben, doch die Lernenden haben mit der Entscheidung für eine Weiterbildungsmaßnahme auch die inhaltliche Festlegung des Lernstoffes getroffen. Diese Lernenden müssen nicht umständlich und trickreich über künstlich geschaffene Anwendungssituationen an einen Lernstoff herangeführt werden: Sie kennen diese Situationen oder antizipieren sie zumeist selbstständig und suchen nach Wissen zu ihrer besseren Bewältigung.

Bei Selbst-Lernenden handelt es sich sehr häufig um Personen, die deshalb Zeit und u.U. Geld in Bildung investieren, weil sie ein spezifisches Lernbedürfnis bei sich bereits erkannt haben und auf Abhilfe sinnen. Sie verfolgen bewusst ein klar umrissenes Lerninteresse mit präzisem Anwendungsbezug. Lernbedürfnisse müssen also nicht geweckt, sondern auf Seiten der Lehrenden als legitim anerkannt werden. Notwendig ist dann allenfalls eine präzise und transparente Information darüber, ob das Lernangebot dem jeweiligen Bedarf entspricht.

Selbst-Lernende verfügen über einen umfassenden Erfahrungsschatz aus ihrem Alltags- und Berufsleben. Gerade die Erkenntnis, dass (auch berufliches) Lernen häufig informell und im Vollzug des Alltags stattfindet, führt uns zu der Auffassung, dass bei dieser Gruppe von Lernenden soziale Praxis nicht mehr unbedingt simuliert werden muss: Sie ist bereits integraler Bestandteil ihres Lebens. Erwachsene Lernende haben auch außerhalb der künstlichen Lernsituation Gelegenheit zum Erwerb von Sozial- und Methodenkompetenz und konnten entsprechende Verhaltensroutinen durchweg bereits entwikkeln (und vielfach auch verfestigen). Wo solche bereits erworbenen Routinen sich als dysfunktional erweisen und bewusst verändert werden sollen, sind erhebliche Anstrengungen vonnöten. Häufig jedoch wird es in Selbst-Lernprozessen vor allem darum gehen, an bestehende Kompetenzbereiche anzuknüpfen und auf sie aufzubauen.

Das didaktisch-methodische Vorgehen, das wir auf der Grundlage dieser Überlegungen vorschlagen, grenzt sich von handlungsorientierten und konstruktivistischen Konzepten nicht prinzipiell ab. Wir relativieren das Gewicht dieser Ansätze für Selbst-Lernprozesse allerdings insoweit, dass wir genauer fragen, *welche Art* von Handlungsorientierung für diesen besonderen Bereich der Bildung aussichtsreich und realistisch erscheint und auf welche Weise Handlungskompetenz durch *Anknüpfung an bereits bestehende Kompetenzen* erzielt werden kann. Wir werden uns dabei nicht nur an dezidiert handlungstheoretischen Konzepten, sondern auch an der Instruktionstheorie orientieren, d.h. an solchen Ansätzen, die vor allem die systematische Vermittlung von Wissensinhalten, mithin das Lehren (im Kontrast zum Lernen) thematisieren.

Letztlich kann nachhaltig wirksames Lernen nur in der Spannung zwischen Erfahren und Erkennen entstehen. Die Güte eines didaktischen Konzeptes bemisst sich daran, so glauben wir, wie systematisch diese Bestandteile des Lernens aufeinander bezogen und miteinander verknüpft werden. Stehen Erfahrung und Erkenntnis nur nebeneinander oder widersprechen sie sich gar *(„Im Betrieb machen wir das aber immer ganz anders")*, dann werden wesentliche Lernschritte nicht vollzogen. Erst wenn Lernende Wissen und Können bzw. Wissen und Erfahrung aktiv zueinander in Beziehung setzen, erschließen sie sich die tieferen Bedeutungsebenen des Lerngegenstandes. Sie eignen sich die neuen Inhalte an, indem sie sie mit bereits erworbenem Vorwissen in Netzwerken vernetzen. Hier kommt es zu jenen Synergieeffekten, die wir als Aha-Erlebnisse des Lernens kennen und an denen sich Qualitätssprünge des Lernens ereignen können.

3 Didaktik für Selbst-Lernarrangements

4 Lehr-/Lernangebote planen

In diesem Kapitel schlagen wir Ihnen ein Verfahren vor, mit dessen Hilfe es möglich ist, umfängliche Bildungsprogramme inhaltlich zu gliedern und organisatorisch zu strukturieren. So können Sie z.B. eine Programmlinie Ihres Bildungsangebotes ausgestalten, das Gesamtangebot in einem bestimmten Bereich ordnen oder den organisatorischen und inhaltlichen Rahmen abstecken, in den sich ein bestimmtes Bildungsangebot eingruppieren lassen soll. Dies wird für Sie vor allem dann interessant sein, wenn Sie ein (Selbst-) Lehr-/Lernangebot tatsächlich von Beginn an eigenständig planen (z.B. einen Studiengang neu einrichten, ein Bildungsprogramm neu auflegen o.ä.). Sind Sie jedoch in der Situation, bereits vorgegebene Lehrinhalte lediglich methodisch umsetzen zu sollen, werden Sie vielleicht direkt im folgenden Kapiteln 5 weiterlesen wollen.

Unser Ziel ist es hier, Wege zur **Konstruktion eines in sich vernetzten Systems von Lehreinheiten (Modulen)** aufzuzeigen, die in inhaltlich voneinander relativ unabhängige Einheiten geschnitten und in (relativ) flexibler zeitlicher Abfolge vermittelt werden können. Die Teilnehmerinnen und Teilnehmer sollen so die Möglichkeit erhalten, entweder das Gesamtprogramm nach und nach zu bearbeiten oder sich nur einzelne Teilbereiche herauszusuchen.

Dem Konzept liegen Leitvorstellungen und Qualitätskriterien zu Grunde, die vorab geklärt werden sollten:

- **Handlungskompetenz**: Ziel der Selbst-Lernprogramme ist unserer Auffassung nach die Erlangung von Handlungskompetenz in einem definierten Bereich.

- **Transparenz und Akzeptanz der Abschlüsse**: Eine exzessive Zersplitterung der Lehrinhalte soll zu Gunsten einer möglichst hohen Transparenz und Akzeptanz der Abschlüsse vermieden werden. Daher bleibt ein in sich stimmiges, zertifiziertes und auf dem Markt darstellbares Qualifikationsprofil Bezugsgröße der Modularisierung.

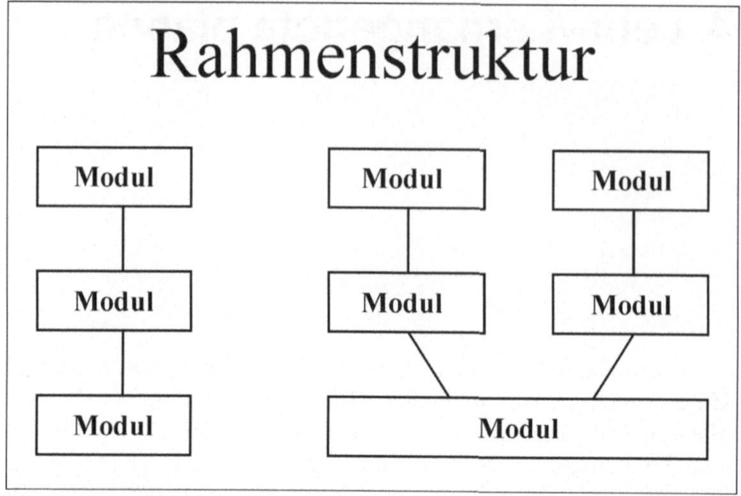

- **Verlässlichkeit der übergeordneten Curriculumebenen**: Das gewählte Profil muss über einen längeren Zeitraum hinweg stabil und verbindlich sein, so dass es eine verbindliche Grundlage für Qualifizierungsstrategien bietet. Vor allem die übergeordneten, allgemeineren Ebenen des Curriculums sollen daher langfristige Gültigkeit besitzen.

- **Flexibilität der untergeordneten Curriculumebenen**: Das Konzept muss gleichzeitig so flexibel sein, dass es sich an Veränderungen in Technik und Gesellschaft anzupassen vermag. Bildungsqualität heißt heute auch: aktuelle Entwicklungen wahrnehmen und darauf reagieren. Während das allgemeine Profil und die Rahmenstruktur der Programme, um einen Marktwert[18] bilden und behaupten zu können, langfristig angelegt sein müssen, sind auf den unteren Ebenen der Curriculumentwicklung (Modulkonstruktion, unterrichtliche Umsetzung) flexible Anpassungen an neue Gegebenheiten von vorneherein als Option mitzuplanen.

- **Harmonische Einbindung**: Das Konzept sollte sich möglichst harmonisch in die (arbeits-)kulturellen sowie die gesellschaftli-

---

[18] Damit ist – wie später deutlicher werden wird – nicht nur das Potenzial eines Bildungsangebotes gemeint, möglichst viele Nachfragenden zum ‚Kauf‘ (der ja bei staatlichen Angeboten nicht einmal bezahlt stattfindet) zu motivieren, sondern auch die künftige Akzeptanz der vermittelten Qualifikation z.B. in weiterführenden Bildungsinstitutionen oder auf dem Arbeitsmarkt.

chen und sozialen Rahmenbedingungen einer Region einglie-
dern lassen.

- **Wirtschaftlichkeit:** Angesichts der angestrebten Nachhaltigkeit
  des Verfahrens muss seine Durchführung so unkompliziert und
  kostengünstig sein, dass seine Durchführung nicht an organisatorischen und finanziellen Problemen scheitert.

Zur Realisierung dieser Ansprüche schlagen wir ein **Verfahren in
drei Phasen** vor:

1. Die Eingrenzung und Beschreibung des **Profils**, das die Lernenden erreichen sollen. Dazu gehört die Einordnung des Lehrzieles
   in bestehende Kategorien von Zertifikaten bzw. Bildungsab-
   schlüssen und die Namensgebung.
2. Die zweite Phase besteht in der Konstruktion einer **Rahmenstruktur**. Hier geht es darum, diejenigen Aufgaben- und Tätig-
   keitsbereiche zu bestimmen, die in die Zuständigkeit der künftigen Absolventinnen und Absolventen fallen werden.
3. Die inhaltliche Definition der einzelnen **Module** erfolgt in einer
   dritten Phase.

Von Schritt eins bis drei verkürzt sich der Zeitraum, für den die getroffenen Entscheidungen Gültigkeit haben, so dass die letzten beiden
Schritte kontinuierlich an neue Verhältnisse (neue technische Entwicklungen, veränderte Zielgruppen sowie neue organisatorische,
wirtschaftliche und personelle Randbedingungen) angepasst werden.
Diese Schritte stehen in einer engen und wechselseitigen Beziehung zueinander. Ein konsensual anerkanntes Qualifikationsprofil
erleichtert die Auswahl und Strukturierung von Lehrinhalten und ist
maßgeblich für die Akzeptanz des gesamten Programmes verant-
wortlich. Eine kohärente und eindeutige Rahmenstruktur gibt den
Beteiligten nicht nur eine verlässliche Grundlage, sondern öffnet
auch Perspektiven für langfristige Qualifizierungsentscheidungen.
Und die Umsetzung der Grobvorgaben sowohl auf der Ebene der
Modulkonstruktion als auch auf der Ebene der unterrichtlichen Realisierung steht wiederum in enger Beziehung zur Vermarktbarkeit
der Bildungskonzepte sowohl auf Seiten der Bildungsnachfragenden
als auch auf Seiten des Bildungssystems und des Arbeitsmarktes.
Bei der Beschreibung wie auch bei der Realisierung der einzelnen
Verfahrensschritte sollen die oben genannten Leitziele *Handlungskompetenz, Transparenz und Akzeptanz der Abschlüsse, Verbindlichkeit der übergeordneten* und *Flexibilität der untergeordneten*

Curriculumebenen, *harmonische Einbindung* sowie *Wirtschaftlichkeit* Berücksichtigung finden.

Zum besseren Verständnis unserer Empfehlungen konkretisieren wir die zentralen Punkte an einem Beispiel, welches exemplarisch den Transfer auf die konkrete Situation darstellen soll und in den folgenden Kapiteln wiederholt aufgegriffen wird.

Praxisbeispiel:

Sie sind Leiter/in einer privaten Bildungseinrichtung mit den Schwerpunkten Betriebswirtschaft, Datenverarbeitung und Sprachen. Ihre Kunden sind kleine und mittlere Unternehmen, Verbände und staatliche Einrichtungen. Seit einiger Zeit experimentiert Ihr Unternehmen mit multi- und telemedialen Lehr- und Lernformen.
Eines Tages bekommen Sie die Anfrage eines Mittelstandsverbandes nach Schulungen in englischer Verhandlungsführung für Einkaufsleiter. Die Mitgliedsunternehmen haben wiederholt das Problem erkannt, dass ihre Einkaufsleiter, die auch im Mittelstand vermehrt im Ausland beschaffen sollen, sich bei der Verhandlungsführung auf Englisch schwer tun. Vielfach gibt es sogar Lükken bei der Kenntnis des Kaufvertragsrechtes.
Der Verband möchte seinen Mitgliedsunternehmen für dieses Problem ein innovatives Seminarkonzept anbieten. Der besondere Wunsch des Verbandes ist es, die Schulung mit so geringen Ausfallzeiten wie möglich durchzuführen. Die prall gefüllten Terminkalender der Zielgruppe ermöglichen dabei nur wenige Möglichkeiten, alle Beteiligten zusammenkommen zu lassen.

4.1
Phase I: Profilbildung

Ein Bildungsabschluss ist – neben allen anderem – immer auch ein Produkt, das es sowohl auf dem Bildungsmarkt als auch auf dem Arbeitsmarkt zu vermarkten gilt. Die Teilnehmerinnen und Teilnehmer (bzw. in einigen Fällen deren Eltern) sollen das Programm nachfragen, sich motiviert daran beteiligen und unter Umständen auch zur Zahlung von Gebühren bereit sein. Das allgemeine Bildungssystem sowie die Weiterbildungseinrichtungen sollen den Abschluss anerkennen und so in das bestehende Bildungswesen einbinden, dass das Programm nicht zu einer ‚Sackgasse‘ wird.

Um dieses Ziel erreichen zu können, ist – neben der qualitativen Güte des Programms, die erst langfristig sichtbar wird – mindestens dreierlei erforderlich:

1. Eine möglichst passgenaue **Entsprechung zwischen Bedarf und Angebot**. Welche Bildungsangebote und welche Qualifikationen nachgefragt werden, ist häufig nicht präzise prognostizierbar. Doch die Frage: *Wer braucht den von uns geplanten Bildungs-*

gang? sollte man sich mit der gegebenen Ernsthaftigkeit immer wieder stellen. Bei ihrer Beantwortung spielen Fragen der gesellschaftlichen Bildungsnachfrage eine ebenso bedeutsame Rolle wie die angenommene wirtschaftliche und technologische Entwicklung sowie die rechtlichen, organisatorischen und sozialen Rahmenbedingungen. Alle diese Faktoren detailliert erheben und präzise prognostizieren zu wollen, gilt heute (anders als noch in den 70er Jahren) als wenig realistisches Unterfangen, das sich auch ökonomisch nur selten zu rechtfertigen lässt. In der Regel existieren aber bei den an einem Bildungsprojekt beteiligten Akteuren informierte Einschätzungen zur Sachlage, die in jedem Falle zu berücksichtigen sind.

2. Eine möglichst hohe **Erkennbarkeit und Eindeutigkeit** des angestrebten Qualifikationsprofils bei allen Beteiligten. Eine klar definierte Vorstellung von den Anwendungsfeldern eines Qualifikationsprofils ermöglicht es den Lernenden, tragfähige Entscheidungen für das Bildungsprogramm zu treffen, den Lernprozess angemessen zu strukturieren und sich selbst klare Ziele zu setzen. Die Abnehmer der Qualifikation (z.B. weiterführende Bildungseinrichtungen oder potenzielle Arbeitgeber) erhalten hinlängliche Sicherheit bezüglich der Kompetenzen und der erwartbaren Leistungen sowie der Kosten der Arbeitskräfte. Und bei etwaigen Ambitionen zur Weiterbildung vermittelt ein definiertes Qualifikationsprofil den zuständigen Institutionen Auskunft über das Wissensniveau der Absolventen.

3. Eine möglichst hohe **Beständigkeit und Verlässlichkeit** des Profils, die langfristige Qualifizierungsstrategien ermöglicht und unterstützt. Aus diesem Grunde ist eine hohe Stabilität der gewählten Begrifflichkeiten wichtig, die durch entsprechende Anerkennungen und Absprachen mit zuständigen Behörden, Verbänden und Institutionen zu sichern sind. Flexibilität und Anpassung an neue Gegebenheiten sind Ansprüche, die erst in den weiteren Schritten wirksam werden. Hier geht es um die Herstellung einer zuverlässigen Grundlage für die weitere Planung.

4.1.1
Die Aufgabe

In dieser ersten Phase besteht die Planungsaufgabe darin, ein möglichst eindeutiges Profil für das Gesamtkonzept zu entwickeln und auf diesem Wege festzulegen, welche Kompetenzen durch das in

Frage stehende Programm vermittelt werden sollen. Drei grundlegende und für die weiteren Handlungsschritte ausschlaggebenden Entscheidungen sind bei dieser Profilbildung zu treffen:

1. Welche **Kernaufgabe** sollen die Absolventinnen und Absolventen des Lernprogrammes kompetent erledigen können?
2. Auf welcher **Abschlussebene** des Bildungssystems sowie des Arbeitsmarktes soll das Bildungsprogramm verortet sein?
3. Wie wird der angestrebte Abschluss **heißen**?

4.1.2
Handlungsschritte und Leitfragen

Erster Schritt:
Kernaufgaben sammeln und bewerten

Bei der inhaltlichen Bestimmung eines Qualifikationsprofils ist es möglich, sehr wenige (eine bis höchstens drei) Kernaufgaben zu benennen, zu deren Ausübung das Programm befähigen soll. Diese Kernaufgaben decken nicht notwendigerweise das gesamte Spektrum der Tätigkeiten aller Personen mit einem bestimmten Profil ab. Bei der Definition von Kernaufgaben geht es jedoch darum, diejenigen Aufgaben heraus zu filtern, ohne die der eigentliche Charakter des Qualifikationsprofils verloren ginge. Leitfrage bei der Auswahl von Kernaufgaben ist daher: *Welche zentrale Aufgabe ist für das von uns vermittelte Qualifikationsprofil besonders charakteristisch?*

Eine klar definierter, ureigener Zuständigkeitsbereich ermöglicht es den Absolventinnen und Absolventen eines Bildungsganges, sich selbst als kompetent in einem fest umschriebenen Bereich zu erleben und sich von verwandten Aufgabenzuschnitten abzugrenzen. Und gleichzeitig stellt die Definition von Kompetenzbereichen u. U. eine Verhandlungsgrundlage gegenüber den Institutionen und Arbeitgebern dar, welche die Zertifikate später einmal anerkennen sollen.

Um ein solches Profil zu erarbeiten, werden in einer bewusst offen gestalteten Diskussion innerhalb der Institution oder Projektgruppe Vorschläge für die Formulierung von **Kernaufgaben gesammelt** und nach ihrer Bedeutung für das zu planende Profil **bewertet**.

Die Basis der Diskussion bilden Informationen über die Qualifizierungsangebote und Qualifikationsbedarfe einer Region sowie in der in Frage stehenden Fachdisziplin bzw. Branche. Entsprechende

Grunddaten bzw. Vorstudien sollten im Vorfeld bereit gestellt und allen Beteiligten bekannt sein. Die übliche Art der Formulierung stellt dabei ein Satz aus einer Tätigkeit + einem Gegenstandsbereich + einer beschreibenden Ergänzung dar (z.B. *Gemüse ökologisch nachhaltig anbauen, Texte mit modernen Textverarbeitungsprogrammen druckfertig formatieren*)

Eine offene Diskussionsatmosphäre, die zunächst alle Ideen unabhängig von der Möglichkeit ihrer Realisierung zulässt, ist für diese (wie auch die folgenden) Handlungsschritte Voraussetzung. Erst in der Bewertungsphase werden die offen gesammelten Ideen kritisch hinterfragt und gemeinsam beurteilt. Die Diskussionsrunden sollten als moderierte Veranstaltungen (etwa als Metaplan-Diskussion) stattfinden. Andere Diskussionsformen sind gleichfalls denkbar, unter Umständen jedoch der Komplexität der Vorgehensweise weniger angemessen.

Leitfragen:

- **Sammelphase**: Die Erledigung welcher zentralen Aufgabe ist für unsere Absolventinnen und Absolventen besonders charakteristisch?

- **Bewertungsphase**: Welche der genannten Aufgaben sind für ein kohärentes Profil unerlässlich, welche entbehrlich? Welche Aufgaben können weggelassen werden, ohne dass sich am Charakter der zentralen Tätigkeit grundsätzlich etwas ändert?

- Lassen sich für die verbleibenden Aufgaben Oberbegriffe und Zusammenfassungen finden, ohne dass ihre Bedeutung verfälscht würde?

- Welche Aufgaben erweisen sich als vor-, unter- oder nachgelagert zu anderen Tätigkeiten?

Praxisbeispiel:

Zur Ermittlung der Kernaufgabe werden für ein entsprechendes Bildungsprogramm in der zunächst Sammelphase zunächst folgende Aufgaben benannt:
- englisches Fachvokabular beherrschen
- geeignete internationale Lieferanten auswählen und Kontakt aufnehmen: englischer Schriftverkehr, in der Fremdsprache telefonieren
- sich gegenüber ausländischen Geschäftspartnern angemessen verhalten (interkulturelle Kompetenz)
- sicher auf englisch verhandeln (flüssig und zielorientiert)
- geeignete Verhandlungsstrategien verfolgen
- internationale Lieferbedingungen (GOBs) kennen

–   nationale und internationale rechtliche Grundlagen kennen
–   langfristige Kundenbeziehungen aufbauen

Dazu werden in der Bewertungsphase folgende Diskussionspunkte angemerkt:
Die meisten der genannten Punkte lassen sich als Unterpunkte zu „Geschäfte mit internationalen Partnern tätigen und Geschäftsbeziehungen aufbauen" betrachten.
Es verbleibt die Nennung als Kernaufgabe des Programms:
International beschaffen: Sicher und erfolgreich auf Englisch verhandeln und internationale Geschäftsbeziehungen aufbauen.

Zweiter Schritt:
Abschlussebene definieren

Mit der Verortung des Bildungsabschlusses auf einer bestimmten Stufe des Bildungs- und Arbeitsmarktsystems ermöglicht man die Integration des neu zu konzipierenden Bildungsganges in das bestehende System. Ein Bildungsabschluss wird nur dann Erfolg auf dem Bildungs- und Arbeitsmarkt haben, wenn er die formale Anerkennung besitzt, Übergänge in weiterführende Bildungseinrichtungen ermöglicht und/oder wenn er den potenziellen Arbeitgebern bekannt und von ihnen akzeptiert ist[19].

Praxisbeispiel:

Die Bedeutung des offiziellen Abschlusses für den Erfolg des Bildungsangebotes ist natürlich abhängig von der Zielgruppe. Im Bereich von Erstausbildung oder Umschulung kommt der formalen Abschlussorientierung eine größere Bedeutung zu. Hier ist ein Zertifikat das „Eintrittsticket" für den Einstieg ins Berufsleben oder in weiterführende Bildungsangebote.
Anders verhält es sich bei berufsbegleitenden Qualifizierungsmaßnahmen, wie in unserem Praxisbeispiel. Solche Maßnahmen orientieren sich in der Regel an einem konkreten Bildungsbedarf am Arbeitsplatz. Die Motivation zur Teilnahme ist, die Anforderungen der beruflichen Umwelt meistern zu können. Die Art des Abschlusses ist eher zweitrangig.
Trotzdem wird es auch bei solchen Bildungsmaßnahmen immer wichtiger, ansprechende und aussagekräftige Nachweise anzubieten. In modernen „Patchwork-Biographien" werden die Arbeitnehmer vermehrt zu Unternehmern ihrer eigenen Arbeitskraft. Dieses „Kapital" lässt sich mit Nachweisen erworbener Kenntnisse und Fertigkeiten besser „verkaufen".

---

[19] Dieser Punkt ist nicht ganz unproblematisch. In den verschiedenen Bundesländern existieren ganz unterschiedliche rechtliche Voraussetzungen und Genehmigungsverfahren für anerkannte Bildungsabschlüsse (vgl. auch Kapitel 2). Daneben sind viele Berufsbezeichnungen geschützt. Besonders nicht-staatliche Bildungsinstitutionen haben nicht selten Schwierigkeiten bei der Anerkennung bzw. der Einordnung ihrer Bildungsabschlüsse.

In unserem Praxisbeispiel könnte es sich zum Beispiel anbieten, erworbene englische Sprachkenntnisse durch ein Zertifikat der „London Chamber of Commerce", der englischen Handelskammer zu belegen. Ähnliche Zertifizierungsmöglichkeiten bieten auch private Hochschulen an.

Welches Qualifikationsniveau angestrebt werden soll, ist freilich auch davon abhängig, an welche Zielgruppen sich das Programm wenden soll. Eine sorgfältige Analyse der bei dieser Gruppe vorhandenen Erwartungen, Ressourcen und Motive hilft, unrealistische Zielsetzungen zu vermeiden.

Bei der Festlegung der Abschlussebenen entwickelt die Projektgruppe zunächst ungeschützte Vorstellungen darüber, a) auf welcher Höhe der formale Abschluss innerhalb des Bildungs- und Ausbildungswesens angesiedelt werden soll und b) auf welcher Ebene der betrieblichen Arbeitsorganisation die ausgebildete Kraft tätig werden wird. Erst in einem weiteren Schritt versichert sich die Projektgruppe der notwendigen Unterstützung durch zuständige Gremien und Institutionen. Zunächst werden die folgenden Leitfragen auf der Grundlage des vorhandenen Wissensstandes bearbeitet:

Leitfragen:

- Auf welcher der gängigen Abschlussebene des Bildungs- und Ausbildungssystems soll unser Abschluss verortet werden?

- Welche formalen Schritte sind notwendig, um diese Abschlussebene zu erreichen?

- Welche Bildungsgänge werden auf dieser Abschlussstufe herkömmlicherweise angeboten?

- In welcher Hinsicht ist dieses bestehende Angebot reformbedürftig und kann durch unser Angebot maßgeblich verbessert werden?

Falls sich bei der Beantwortung dieser Fragen weiterer Informationsbedarf ergeben sollte, ist es wichtig, die entsprechenden Daten schon zu diesem frühen Zeitpunkt des Projektverlaufes einzuholen. Gleichzeitig sollte jedoch der Grundsatz des ökonomisch rationalen Handelns beachtet werden. Statt allzu detaillierter, empirisch abgesicherter Studien kann mitunter ein eher pragmatisches Vorgehen bei der Beschaffung von Informationen (Befragung ausgewählter Experten, Heranziehen bereits existenter Daten etc.) sinnvoll sein.

Die Überlegungen zur künftigen Positionierung der Absolventinnen und Absolventen des Projektes können zugleich Anknüpfungspunkte für spätere Kooperationen mit anderen, direkt oder indirekt beteiligten Gruppen führen. Halten Sie während der Diskussion fest, mit welchen anderen Akteuren (Institutionen, Verbände, Behörden, Unternehmen etc.) sich möglicherweise Vernetzungen werden herstellen lassen.

Leitfragen:

- Welchem formalen (Aus-)Bildungsabschluss entspricht das von uns geplante Angebot am ehesten?

- Welche Unterschiede zwischen den von uns geplanten und herkömmlichen Angeboten bestehen?

- Wenn wir in der Lage wären, den gewünschten Bildungsabschluss zu vergeben – welche für unser Qualifizierungsprojekt ungünstigen Wettbewerbssituationen könnten dann entstehen? (Würden wir z.B. ein Zertifikat vergeben, das mit weniger Aufwand auch anders zu bekommen ist?)

- Welche Weiterbildungschancen würden sich für die Absolventinnen und Absolventen des geplanten Projektes ergeben, wenn sie über diesen Abschluss verfügten?

- Auch nach Beantwortung dieser Fragen sollten Sie einen Zwischenschritt einbauen und klären, welche Informationslücken in der Diskussion deutlich wurden bzw. wie diese zu schließen sind. Und auch an dieser Stelle sollten Sie das Augenmerk auf mögliche Kooperationspartner richten.

Dritter Schritt:
Namensgebung

Der Name eines Bildungsabschlusses sollte über beide der bis hierhin beschriebenen Aspekte Auskunft geben: Er soll klären, in welchem Tätigkeitsfeld das Angebot angesiedelt ist, und er sollte (falls definierbar) das Niveau des Bildungsangebotes benennen (Meister für…, diplomierte….).

Die Namensgebung ist ein für den späteren Erfolg des Projektes entscheidend wichtiges Moment! Der Name soll attraktiver Ausdruck des Charakters des Bildungsprojektes sein. Gleichzeitig soll er einen Wiedererkennungseffekt in sich bergen, d.h. eindeutig und eingängig für alle sein.

Leitfragen:

- Welche Bezeichnung wählen wir für den Bildungsabschluss, den wir planen?

- Trifft diese Bezeichnung den inhaltlichen Kern des geplanten Angebotes?

- Knüpft sie an evt. vorhandene Klassifizierungen aus dem Bildungs-, Ausbildungs- und Beschäftigungssystem an?

- Ist sie unmissverständlich, d.h. schließt sie unerwünschte Verwechslungen mit verwandten Tätigkeiten aus?

- Ist sie attraktiv, d.h. legt sie positive, zukunftsgerichtete Assoziationen nahe?

Praxisbeispiel:

Der Name eines Bildungsangebotes ist oftmals die einzige Angabe in offiziellen Publikationen, Internet-Datenbanken, Katalogen usw. Auch multimediale Lernangebote wie CD-Roms werden von den Interessenten nur nach dem Titel „vorsortiert". Der stellt also den ersten Kontakt mit dem Interessenten bzw. Lernenden dar. Hier entscheidet sich, ob das Angebot in die engere Wahl kommt oder nicht. Denken Sie bei der Namensgebung daher immer auch marketing-orientiert, d.h. aus „Kundensicht" – besonders natürlich dann, wenn Sie ein kommerzielles Angebot entwickeln.
In unserem Praxisbeispiel handelt es sich zunächst ja um eine Auftragsentwicklung. Der Verband hat ein entsprechendes Angebot angefordert. Das heißt jedoch nicht, dass in diesem Fall der Name ohne Belang ist. Für die Teilnehmer/innen der Bildungsmaßnahme wird der Name sicher nicht Basis für die Teilnahme sein. Ganz sicher ist er aber Bezugspunkt für Einstellung, Motivation und den Wert des späteren Zertifikates. Es macht einen Unterschied ob ich an einem:
"Förderkurs ‚englisch verhandeln'. Maßnahme zur Behebung von Defiziten bei Mitarbeitern des mittleren Managements"
oder an dem Multimedia-Seminar „Professional Management: Englische Verhandlungsführung für die Einkaufsleitung"[20] teilnehme.

Vierter Schritt:
Absicherung und Vernetzung

Die bis jetzt entwickelten Vorstellungen der Projektgruppe werden in einem nächsten Schritt durch eine umfassende Diskussion mit direkt oder indirekt beteiligten Institutionen, Verbänden, Behörden und Privatpersonen auf eine breitere Basis gestellt. Dabei geht es zunächst nur mittelbar um die formalen Bedingungen für eine Aner-

---

[20] Man kann zur Flut englischer Modewörter und Berufsbezeichnungen sicher unterschiedliche Meinungen haben. Wenn Sie allerdings nach attraktiven Namen für freie Bildungsmaßnahmen suchen, werden Sie auf englische Begriffe kaum verzichten können. Nicht zuletzt auch deshalb, weil die üblichen deutschen Qualifikationsbezeichnungen, wie „-kaufmann", „-wirt" usw. in der Regel geschützt sind.

kennung der geplanten Abschlüsse und in erster Linie um eine möglichst solide Absicherung der Planung sowie die Vernetzung des Projektes mit anderen gesellschaftlichen Gruppen und Institutionen.

Es gilt daher, in Sondierungsgesprächen, Workshops oder mit Hilfe von (eher exemplarischen) Befragungen abzuklären, inwieweit das entworfene Profil einem tatsächlichen Bedarf entspricht und auf wie viel Akzeptanz es dementsprechend stoßen kann.

Als Ergebnis der Phase I Profilbildung mit den Schritten 1–4 liegt also nun vor:

- der **Name** des geplanten Angebots.

- eine zentrale **Kernaufgabe** der Absolventinnen und Absolventen.

- Kontakte zu beteiligten oder interessierten Personenkreisen, die über das geplante Projekt mindestens informiert worden sind, im optimalen Fall jedoch in die Gestaltung eingebunden werden konnten.

Praxisbeispiel:

In unserem Praxisbeispiel ginge es natürlich zunächst darum die Zusammenarbeit mit dem Auftraggeber, dem Mittelstands-Verband, zu organisieren. Bindet man den „Kunden" schon früh in die Planung ein, so ist die Gefahr geringer, an den Bedürfnissen des Kunden vorbei zu entwickeln. Was bei professionellen Beratungsunternehmen schon immer ganz selbstverständlich war, ist im Bereich von Bildungsangeboten noch relativ selten.
Im Bildungsbereich herrscht bei Nachfragern und Anbietern oft noch das „Katalogprinzip". Das heißt, die Bildungsanbieter listen eine Reihe von Bildungsmaßnahmen auf, aus denen sich die Kunden die scheinbar geeigneten Angebote aussuchen. Der Dialog mit dem Kunden – dem Lernenden – kommt vielfach noch zu kurz.
Die Einbindung weiterer Institutionen, die Absicherung und Vernetzung könnte dann in konkreten Kooperationen mit weiteren Institutionen Ausdruck finden. Nehmen wir zum Beispiel an, unser Beispielkurs hätte nun den Namen „Professional Management: Englische Verhandlungsführung für die Einkaufsleitung" erhalten. Als Kernaufgabe wurde festgelegt: „International beschaffen: Sicher und erfolgreich auf Englisch verhandeln und internationale Geschäftsbeziehungen aufbauen."
In diesem Fall sind z.B. Kooperationen mit den örtlichen Sprachschulen oder der Volkshochschule denkbar. Nach einem Vergleich konkurrierender Angebote dieser Bildungseinrichtungen können z.B. bestehende Kursequenzen über einen Kooperationsvertrag eingebunden werden.

4.2
Phase II: Festlegung der Rahmenstruktur

Die Rahmenstruktur eines Bildungsganges definiert, welche inhaltlichen und formalen Anforderungen an einen Abschluss gestellt werden, welche Teilbereiche als verbindliches Pflichtprogramm und welche als Wahlmöglichkeit vorgesehen sind und welche organisatorische Form das Programm haben soll. Eine klare und verlässliche Rahmenstruktur ermöglicht eine grobe Standardisierung der Inhalte und sichert die Kohärenz des Gesamtkonzeptes.

Auch auf dieser Ebene der curricularen Planung ist die Eindeutig und Transparenz der angestrebten Abschlüsse von besonderer Bedeutung. Alle Beteiligten müssen dazu in der Lage sein, die inhaltliche Ausrichtung, den erforderlichen Aufwand sowie den qualitativen Standard des Bildungsangebotes ohne großen Aufwand einschätzen zu können. Dazu ist es notwendig, dass die getroffenen Entscheidungen eine mindestens mittelfristige ist.

Diese Perspektive macht einen relativ hohen Grad an Verbindlichkeit erforderlich, d.h. die auf dieser Ebene getroffenen curricularen Festlegungen erfolgen noch auf einem so allgemeinem Niveau, dass Modifikationen für einen absehbaren Zeitraum unwahrscheinlich bleiben.

4.2.1
Die Aufgabe

Mit der Konstruktion der Rahmenstruktur wird festgelegt, welche Kompetenzbereiche von allen Absolventinnen und Absolventen beherrscht werden sollen und welche Bereiche nur von (entweder im Rahmen von Wahlpflichtbereichen in der Erstausbildung oder durch Weiterbildung) spezialisierten Kräften ausgeführt werden.

Grundeinheit der Rahmenstruktur bilden die sog. **Aufgabenbereiche**. Aufgabenbereiche sind in sich geschlossene, relativ autonome Tätigkeiten der zukünftigen Absolventen und Absolventinnen, die so allgemein formuliert sind, dass sie in keiner direkten hierarchischen (z.B. entscheiden > ausführen) oder zeitlichen (z.B. vorbereiten > durchführen > dokumentieren) Abhängigkeit zueinander stehen. Aufgabenbereiche bezeichnen nicht konkrete Tätigkeiten (z.B. schreiben, reinigen, schrauben), sondern abstrakte, übergeordnete Felder von Tätigkeiten (z.B. verwalten, produzieren, beraten).

Die inhaltliche Bestimmung der Aufgabenbereiche erfolgt unter Berücksichtigung der eigentlichen z.B. intellektuellen, produktiven oder verwaltenden Handlung sowie auch deren Einbettung in übergeordnete Abläufe und Zusammenhänge.

Es erscheint sinnvoll, zu Beginn überschlägig einen Zeitrahmen für diesen Schritt festzulegen und diesen nach Möglichkeit auch einzuhalten, um allzu detaillierte und ausufernde Tätigkeitsbeschreibungen zu vermeiden, die sich später eher als Ballast, denn als Hilfe erweisen könnten.

4.2.2
Handlungsschritte und Leitfragen

Fünfter Schritt:
Festlegung von Aufgabenbereichen

Die Konstruktion der Rahmenstruktur beginnt mit der Sammlung von möglichen **Aufgabenbereichen** für die Absolventinnen und Absolventen. In einer offenen Diskussion werden in sich geschlossene, abstrakt formulierte Aufgabenfelder (z.B. Lagerbestände verwalten, Kundinnen und Kunden beraten, Reparaturen vornehmen etc.) gesammelt.

Die Formulierung von Aufgabenbereichen besteht mindestens aus der Nennung des **Gegenstandes** (eines Produktes, eines Klienten, eines Betriebsmittels etc.) und eines **Verbes** (erstellen, beschaffen, beraten, pflegen, organisieren etc.), wobei das Verb weniger konkrete Einzeltätigkeiten, als vielmehr deren zusammenfassende Bedeutung ausdrücken sollte (reparieren statt kleben, schrauben und nageln; zubereiten statt schneiden, erhitzen, würzen etc.).

Leitfragen:

- Welche Aufgaben gehören zum Umkreis der im Profil definierten Kernaufgabe?

- Welche Aufgaben zeichnen sich für die Zukunft des Tätigkeitsfeldes ab?

In einem zweiten Schritt werden Bereiche zusammengefasst, Doppelnennungen ausgeschlossen und ggf. einzelne Nennungen gestrichen, so dass eine zunächst ungeordnete Liste der Aufgabenbereiche entsteht.

Leitfragen:

- Welche Aufgabenbereiche sind inhaltlich identisch?

- Welche Aufgabenbereiche weisen größere Schnittmengen auf und lassen sich evt. zusammenfassen?

- Welche Aufgaben stellen vor- und nachgeordnete Teilaspekte eines übergeordneten Aufgabenbereiches dar und lassen sich dementsprechend zusammenfassen?

- Welche Aufgabenbereiche gehören inhaltlich nicht zu dem festgelegten Qualifikationsprofil?

Anschließend ordnet die Gruppe die verbleibenden Aufgabenbereiche zu Clustern und stellt sie in ihrer Nähe bzw. Distanz zur im Profil definierten Kernaufgabe dar. Die Aufgabenbereiche werden nun danach bewertet, ob sie für die Erfüllung der Kernaufgabe *unverzichtbar*, *sinnvoll* oder *ergänzend* wichtig sind.

Auf diese Weise lässt sich die inhaltliche Nähe bzw. Distanz der genannten Aufgabenbereiche zur Kernaufgabe auch grafisch abbilden.

Leitfragen:

- Sind die einzelnen Aufgabenbereiche für die Erledigung der Kernaufgabe a) unverzichtbar b) sinnvoll und c) von ergänzender Bedeutung?

- In welcher Nähe bzw. Distanz sollen die Aufgabenbereiche zur Kernaufgabe angeordnet werden?

- An der Qualifizierung für welche Aufgabenbereiche werden (oder: sollten aus Ihrer Sicht) die Lernenden besonderes Interesse haben?

Ein relativ rigides Vorgehen bei der Bewertung unterschiedlicher Aufgabenbereiche ist an dieser Stelle empfehlenswert. Streben Sie eher nach exemplarischer als nach vollständiger Darstellung, um eine Überfrachtung der Curricula an späterer Stelle zu vermeiden!

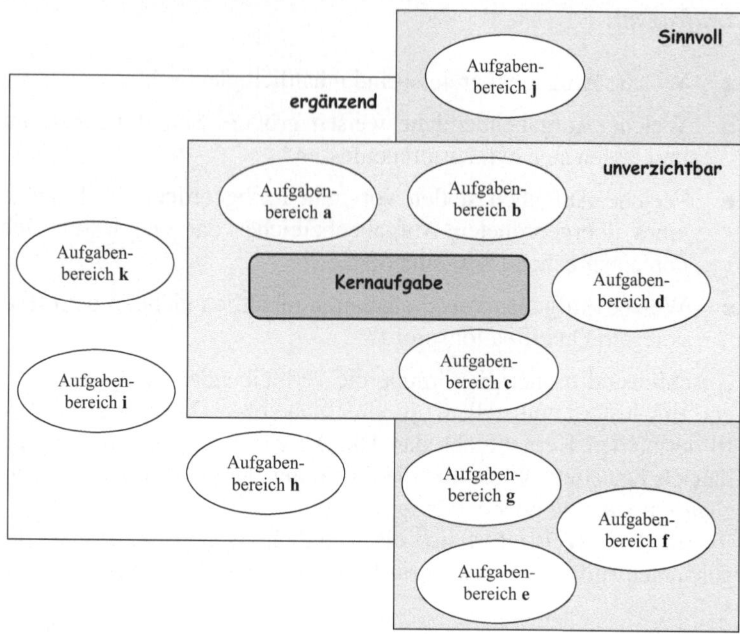

Praxisbeispiel:

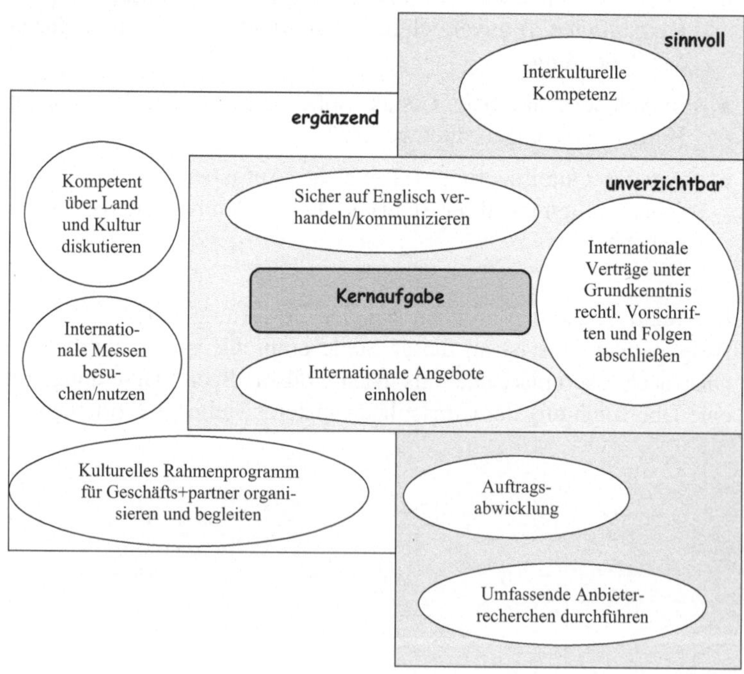

Sechster Schritt:
Konstruktion der Rahmenstruktur

Aus der Gewichtung der einzelnen Aufgabenbereiche lassen sich nun Pflicht- und Wahlpflichtbereiche ableiten. In der Regel werden solche Aufgabenbereiche dem Pflichtbereich zugeordnet werden, die als *unverzichtbar* gelten. Je nach Zuschnitt des Gesamtprogrammes können aus den Aufgabenbereichen, die als *sinnvoll* und *ergänzend* gekennzeichnet wurden, Wahlpflicht- und Spezialisierungsbereiche ins Auge gefasst werden.

Im Zusammenhang mit diesen Überlegungen sollten nun – soweit nicht von vorneherein festgelegt – erste Grundentscheidungen in Bezug auf die organisatorische Rahmenstruktur getroffen werden. Insbesondere sind dabei zu berücksichtigen:

- Gesamtumfang des Programms,

- Art der Zertifizierung,

- formale Randbedingungen und Voraussetzungen,

- Verfügbarkeit des Personals,

- Verfügbarkeit unterschiedlicher Medien; technische und finanzielle Möglichkeiten.

Die realistische Klärung solcher Rahmenbedingungen stellt eine wichtige Bedingung für das Gelingen des weiteren curricularen Umsetzungsprozesses dar.

Sie können Komplikationen zu einem späteren Zeitpunkt dadurch vermeiden, dass Sie zwischendurch immer wieder nach intuitiven Antworten auf die Frage suchen: *Ist die Planung unter den gegebenen zeitlichen, räumlichen, personellen und materiellen Bedingungen realistisch?*

Als Ergebnis der II. Phase liegt nun eine Rahmenstruktur des geplanten Bildungsprojektes vor, die Auskunft über die wichtigen Aufgaben- und Kompetenzbereiche der zukünftigen Absolventinnen und Absolventen gibt. Gleichzeitig definiert die Rahmenstruktur, für welche Aufgabenbereiche obligatorisch bzw. im Wahlpflichtbereich qualifiziert werden soll und welche Aufgabenbereiche erst in weiterführenden Maßnahmen Berücksichtigung finden werden.

4.3
Phase III: Modulkonstruktion

Bei der Modularisierung umfassender Bildungswege werden diese in kleinere, in sich geschlossene Einheiten – so genannte Module – unterteilt. Synonym werden gelegentlich die Begriffe Bausteine oder Lerneinheiten usw. genannt. Auf diese Weise wird ein flexibler Ablauf des Bildungsganges möglich: Lernende können Module einzeln belegen bzw. die Reihenfolge der Belegung variieren; sie können das Programm unterbrechen und sich die bislang erbrachten Einzelleistungen anerkennen lassen oder den Zeitpunkt der Leistungserbringung selbst festlegen.

Auf diese Weise sollen die Vorteile der Flexibilisierung von Zeit und Ort, die eine Individualisierung der Lernwege bietet, gewahrt bleiben, ohne dass der Gesamtzusammenhang des Programms und damit seine Erkennbarkeit und sein Marktwert beschädigt würde (vgl. dazu auch Kloas 1997).

Bis zu diesem Punkt unserer Verfahrensvorschläge ist die Modularisierung des von Ihnen geplanten Lehrprogrammes nicht zwingend und für manche (z.B. nicht besonders umfangreiche) Angebote vielleicht auch gar nicht sinnvoll. Dennoch möchten wir Ihnen nahe legen, über eine Modularisierung von Selbst-Lernprogrammen mindestens nachzudenken. Dies geschieht in der Überzeugung, dass die Modularisierung – wenn die prinzipielle Geschlossenheit des Gesamtkonzeptes gewährleistet bleibt – eine Fülle interessanter organisatorischer und inhaltlicher Gestaltungsmöglichkeiten eröffnet. So ist es möglich, das Bildungsangebot zeitlich und organisatorisch zu flexibilisieren. Unterbrechungen führen dann nicht mehr notwendig zum Abbruch; auch die Zertifizierung von Teilqualifikationen ist grundsätzlich denkbar. Die Individualisierung der Lernwege wird durch eine offene Definition von Modulen begünstigt, so dass enger an der Nachfrage nach bestimmten Teilbereichen agiert werden kann. Auf Seiten der mit Curriculumplanung befassten Institutionen und Personen, besitzt das Konzept modularisierter Bildungsgänge deswegen hohe Attraktivität, weil einzelne, u.U. veraltete oder als unpassend empfundene Module relativ unproblematisch modifiziert, ergänzt oder entfernt werden können, ohne dass dabei das Gesamtkonzept in Frage gestellt werden muss.

4 Lehr-/Lernangebote planen

4.3.1
Die Aufgabe

Nachdem Sie in der vorangegangenen Phase die Rahmenstruktur des Bildungsprogramms inhaltlich wie organisatorisch festgelegt haben, gilt es nun, Module für die entsprechenden Aufgabenbereiche zu gestalten. Module sind entweder Lehr-/Lerneinheiten, die Grundlagenwissen vermitteln oder die zur Ausübung bestimmter, charakteristischer Handlungen (Textanalysen erstellen, Autoreifen wechseln, Kurzvorträge halten) befähigen. Zu ihrer Beschreibung sind eine Festlegung des ungefähren zeitlichen Umfanges, die Definition der zu erreichenden Lernziele sowie Hinweise auf Prüfungsgegenstände erforderlich. Im Gegensatz zum Profil und der Rahmenstruktur der Phasen 1 und 2 sind Module relativ flexibel an regionale oder je aktuelle Bedarfssituationen anpassbar.

Um zu definieren, welche Inhalte in bestimmten Modulen vermittelt werden sollen, folgen Sie den folgenden Verfahrensschritten:

Eine **Handlungsanalyse** zeigt auf, welche Tätigkeiten im Einzelnen zu den in der Rahmenstruktur benannten Aufgabenbereichen gehören.

Die **Kompetenzanalyse** ermittelt die zur sicheren und effizienten Ausführung notwendigen Qualifikationen und Kompetenzen.

Die **didaktische Analyse** leitet aus diesen Anforderungen entsprechende Lehrinhalte ab.

Erst dieses Vorgehen, bei dem systematisch von auszuführenden Tätigkeiten auf das dazu notwendige Wissen und Können rückgeschlossen wird und aus diesem wiederum Lehr-/Lerninhalte abgeleitet werden, stellt sicher, dass nicht ein zu kurzer Schluss von Zielen auf Mittel bzw. von Handlungen auf Lernen gezogen wird.

4.3.2
Handlungsschritte und Leitfragen

Siebter Schritt:
Handlungsanalyse

Bei der Handlungsanalyse werden den in der Rahmenstruktur ausgewiesenen Aufgabenbereichen **Handlungen** zugeordnet. Während es sich bei den Aufgabenbereichen um relativ abstrakte, zusammenfassende Beschreibungen ganzer Aufgaben- oder Auftragskomplexe handelte, sind **Handlungen** konkrete, bewusst geplante, im Alltag wiederkehrende Tätigkeiten.

Analog zu Aufgabenbereichen lassen sich auch Handlungen in der Regel als Begriffspaar von Gegenstand und Verb formulieren (einen Herd anschließen, ein Computerprogramm installieren etc.). Ihre Darstellung sollte so weit wie möglich *vollständige Handlungen* abbilden. Vollständige Handlungen zeichnen sich dadurch aus, dass die Ausführenden mit ihnen definierte Ziele verfolgen, die vorhandenen Bedingungen und Möglichkeiten gegeneinander abwägen und sich – mehr oder minder bewusst – für bestimmte Durchführungsalternativen entscheiden. Das Ergebnis ihres Tuns vergleichen sie dann mit der ursprünglichen Zielvorgabe und schließen im positiven Falle die Handlung damit ab bzw. verändern bei unbefriedigendem Ausgang entweder die Zielvorgabe oder leiten eine erneute Durchführungsschleife ein.

Um diejenigen Handlungen, die zu einem bestimmten Aufgabenbereich gehören, systematisch zu erfassen, sammelt und sortiert die Projektgruppe zunächst offen und assoziativ Vorschläge. Die entsprechende Leitfrage lautet dabei:

- Welche Handlungen sind für den in der Rahmenstruktur ausgewiesenen Aufgabenbereich typisch?

Um eine möglichst vollständige Sammlung zu erhalten, können Sie detaillierter weiter fragen:

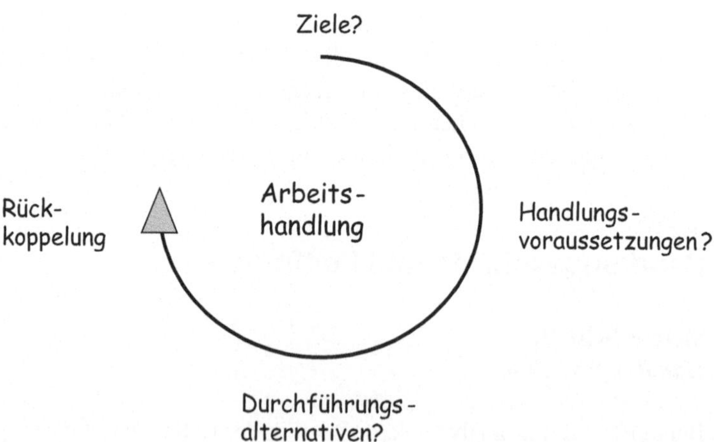

Abbildung 7:
Handlung

 4 Lehr-/Lernangebote planen

- Welche unterschiedlichen Handlungen führen die Absolventinnen und Absolventen unseres Programms zur Bearbeitung der identifizierten Aufgabenbereiche durch?

- Welche Handlungen werden nur in bestimmten Situationen ausgeführt?

- Welche Handlungen werden notwendig, um das eigene Tun mit anderen Vorgängen abzustimmen?

- Welche Handlungen sind erforderlich, um die erforderlichen Werkzeuge bereit zu halten?

- Welche Handlungen sind zur Koordination mit den anderen Teammitgliedern oder Mitarbeitern bzw. Mitarbeiterinnen wichtig?

- Welche Handlungen sind in Bezug auf Weiterentwicklung der eigenen Qualifikationen notwendig?

Die entstandene Sammlung der denkbaren Handlungen wird nun bereinigt und zusammengefasst. Dieser Schritt ist von außerordentlicher Bedeutung für die Transparenz und Strukturiertheit der weiteren Arbeit. Die Projektgruppe fragt dabei:

Leitfragen:

- Welche Handlungen sind inhaltlich identisch?

- Welche Handlungen weisen größere Schnittmengen auf und lassen sich evtl. zusammenfassen?

- Welche Handlungen gehören inhaltlich nicht zu dem festgelegten Qualifikationsprofil und sollten daher hier gestrichen werden?

- Gewichten Sie die genannten Handlungen danach, ob sie für die Erledigung der Aufgabe *unverzichtbar*, *sinnvoll* oder *ergänzend wichtig* sind. (unverzichtbar = *** bis ergänzend wichtig = *).

Das Ziel dieser Gewichtung besteht darin, zu möglichst charakteristischen, exemplarisch bedeutsamen Handlungen zu gelangen, die möglichst für alle Lernenden Relevanz besitzen. Exemplarität ist dabei wichtiger als Vollständigkeit!

In einem nächsten Schritt werden solche Handlungen einander zugeordnet, die in einer inneren Abhängigkeit zueinander stehen.

Leitfragen:

- Welche Handlungen sind handlungslogisch voneinander abhängig? (z.B. Wäsche waschen > Wäsche bügeln)
- Welche Handlungen lassen sich aus einer gemeinsamen Grundhandlung ableiten? (z.B. Hefeteig zubereiten > Zopf backen *oder* Streuselkuchen backen)

Visualisieren Sie diese Abhängigkeiten und berücksichtigen Sie dabei die vorgenommenen Gewichtungen mit Hilfe der folgenden Grafik.

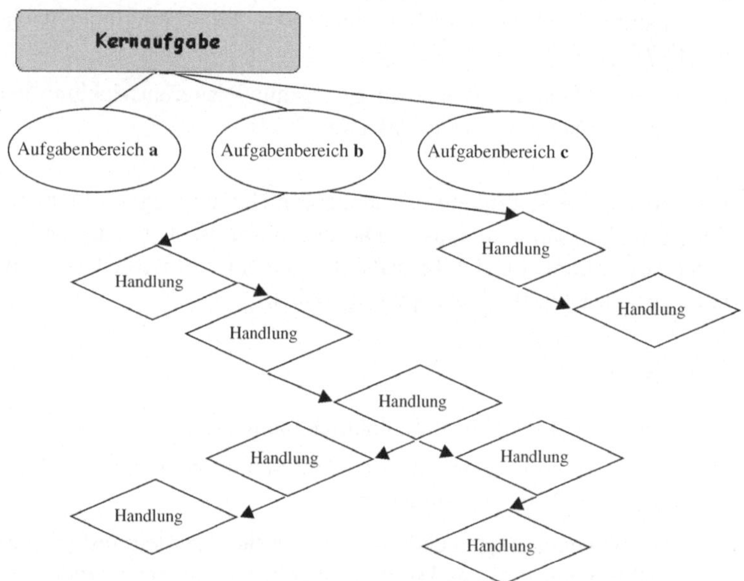

Abbildung 8:
Handlungs-
ordnung

Praxisbeispiel

Auf das angeführte Praxisbeispiel bezogen, stellt sich dieser Schritt z.B. so dar:

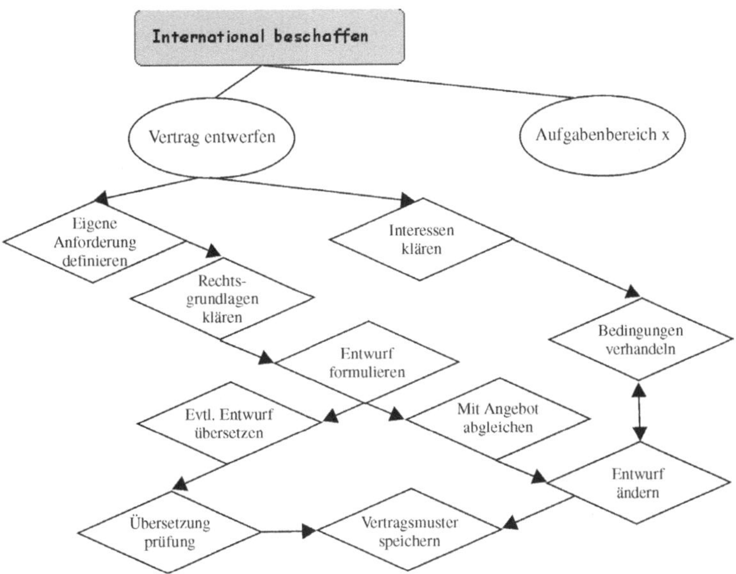

Abbildung 9: Handlungs- ordnung Praxisbeispiel

Auf der Grundlage dieser gewichteten Darstellung sollten nun diejenigen Handlungen bzw. Gruppen von Handlungen ausgewählt werden, die in dem Bildungsprogramm **keine** Berücksichtigung finden sollen. Bitte gehen Sie in dieser Phase relativ rigoros vor: Eine zu detaillierte Auflistung, die eher dem Anspruch nach Vollständigkeit als dem Ziel der Exemplarität und Relevanz folgt, führt in der Phase der Festlegung von Lehrinhalten mitunter zu ausufernden, überfrachteten Darstellungen. Fragen Sie daher stets nach der Relevanz des Themas für möglichst alle Lernenden, der Exemplarität der Handlung für ähnliche Situationen und der potenziellen Lernhaltigkeit der Handlung. Nur wenn eine Handlung, die zuvor mit dem Merkmal „unverzichtbar" versehen wurde, nun für eine Streichung vorgesehen ist, sollte der Frage nachgegangen werden, ob dadurch die Erfüllung der Aufgabe bzw. die Erfüllung der Kernaufgabe gefährdet ist.

Die verbleibenden Handlungen werden nun im Einzelnen beschrieben und ausgeführt. Die Projektgruppe orientiert sich dabei an der Handlungssystematik (Ziele kennen, Voraussetzungen prüfen und herstellen, Durchführung, Rückkoppelung). Dazu werden für jede Handlung die folgenden Leitfragen beantwortet:

Leitfragen:

1. Ziele kennen:

   – Welche unmittelbaren Ziele/Sollwerte sollen durch die Handlung erreicht werden? (Gemeint ist dabei nicht das Ziel: Erstellung des Produktes xy, sondern umfassender das Qualitätskriterium, mit dessen Hilfe die Handlung bewertet werden kann).
   – Welche langfristigen Ziele (z.B. Vermeidung von Folgeproblemen, Funktion der Handlung für das große Ganze) werden verfolgt?

2. Handlungsvoraussetzungen prüfen und herstellen:

   – Welche Bedingungen/Handlungsvoraussetzungen sind im Vorfeld zu klären und zu beachten?
   – Welche Handlungsvoraussetzungen sind zu schaffen?

3. Handlung durchführen:

   – Für welche Vorgehensweisen bzw. Handlungsalternativen werden sich die Handelnden unter Umständen entscheiden können/müssen? Benennen Sie hier solche Alternativen, die unterschiedliche Kenntnisse und Fertigkeiten voraussetzen.
   – Welche vom normalen Hergang abweichenden Situationen können sich ergeben, auf die Handelnde kompetent reagieren müssen?

4. Rückkoppelung

   – Auf welche Weise werden die Ergebnisse der Handlung überprüft bzw. rückgekoppelt?

Listen Sie die Nennungen pro Handlung in einer Tabelle so auf, dass die Ziele in der ersten Zeile und die Handlungsvoraussetzungen, Durchführungsalternativen und Ergebniskontrolle in der erstens *Spalte* untereinander stehen:

	Ziel 1	Ziel 2	Ziel 3
Voraussetzung 1			
Voraussetzung 2			
Handlungsalternative 1			
Handlungsalternative 2			
Ergebniskontrolle 1			
Ergebniskontrolle 2			

Praxisbeispiel:

Handlungsziel eins in unserem Praxisbeispiel könnte sein:
Einen Kaufvertrag mit einem neuen britischen Lieferanten zu schließen. *Voraussetzung 1* für die Erreichung des Handlungsziels sind dann Kenntnisse in der Fremdsprache bzw. die Fähigkeit zur mündlichen und schriftlichen Kommunikation.
Voraussetzung 2 sind Kenntnisse des internationalen Vertragsrechts.
Handlungsalternative 1 besteht darin, einen Kaufvertrag mit einem internationalen Lieferanten zu schließen, wenn auch dies nicht möglich wäre, kann als *Handlungsalternative 2* ein Kaufvertrag mit einem deutschen Lieferanten geschlossen werden. *Ergebniskontrolle 1* besteht aus der Überprüfung der Richtigkeit der Angaben im Kaufvertrag sowie der Rechtschreibung und anderer formaler Kriterien. *Ergebniskontrolle 2* ist dann gewährleistet, wenn die Angaben im Kaufvertrag mit den Vorgaben des Unternehmens nochmals abzugleichen, um zu verhindern, dass z.B. der Kalkulationsrahmen beim Einkaufspreis überschritten wurde.

Achter Schritt:
Kompetenzanalyse

In diesem Schritt erfolgt der zur systematischen Unterrichtung so entscheidende qualitative Sprung zwischen Handlungs- und Lernsystematik. Während sich bis zu diesem Punkt die Auswahl und Strukturierung von Inhalten ausschließlich an der Handlungslogik orientierte, gerät nun das lernende Subjekt in den Blick. Auf welche Weise, so wird gefragt, können Lernende systematisch dazu befähigt werden, die zuvor identifizierten Anforderungen kompetent, sicher und effizient auszuführen? Welche Fähigkeiten, Kenntnisse und Einstellungen sind dazu erforderlich, und auf welche Weise sind sie systematisch zu fördern?

Bei der Kompetenzanalyse werden zunächst die zur reflektierten Durchführung der Handlungen notwendigen Kenntnisse, Fertigkeiten und Einstellungen erfasst. Dazu befragt die Projektgruppe die im vorangegangenen Schritt genannten Handlungen systematisch daraufhin, was die Person wissen und können muss, um der genannten Anforderung zu entsprechen.

Auf der Grundlage der in der Handlungsanalyse erstellten Explikation von Handlungen werden diejenigen Kompetenzen ermittelt, die notwendig sind, um die aufgelisteten Zielvorstellungen zu erreichen. Kompetenzen sind Anforderungen an das Wissen und Können sowie an die persönliche Haltung. Sie werden stets so konkret formuliert, dass der Bezug zur Kernaufgabe erkennbar bleibt (z.B. nicht „Ehrlichkeit“, sondern „korrekte Verrechnung der eingenommenen Beträge“). Andererseits werden sie so allgemein beschrieben, dass sie auch für sich alleine genommen (d.h. außerhalb der eine Handlung beschreibenden Tabelle) Sinn ergeben.

Gefragt wird für jedes freie Feld der in der Handlungsanalyse erstellten Tabelle:

Leitfragen:

- Über welches fachliche Wissen müssen Personen verfügen, um dieser Anforderung so zu begegnen, dass das Ziel erreicht wird?

- Welche Methoden, Verfahren und Fertigkeiten müssen sie beherrschen?

- Welche Haltung/Einstellung ist notwendig?

Dabei ist es nicht notwendig, jedes freie Feld auszufüllen! Das Raster soll Ihnen nicht bürokratisch neue Kompetenzanforderungen abnötigen, sondern lediglich Anregungen zur möglichst vollständigen Sammlung der vorhandenen Vorstellungen bieten. Auch sollten Sie Wiederholungen vermeiden. Wenn innerhalb einer Handlung die gleichen Kompetenzen in unterschiedlichen Feldern wichtig sind, ist die einfache Nennung in nur einem Feld der besseren Übersichtlichkeit wegen vorzuziehen.

Zur Bereinigung der zunächst offenen Sammlung werden wiederum die Kategorien „unverzichtbar", „sinnvoll" und „ergänzend wichtig" angewandt und zur Streichung weniger bedeutsamer Nennungen genutzt.

Praxisbeispiel

	Ziel: erfolgreicher Abschluss	**Ziel:** langfristige Geschäftsbeziehung
Voraussetzung: Vertragspartner können miteinander kommunizieren	**Wissen:** Fachvokabular, Aussprache	**Wissen:** Produkt- und Marktkenntnisse Interkulturelle Kompetenz
	Können Verhandeln in Fremdsprache	**Können** Kommunizieren, Smalltalk, CRM[21]
	Einstellung Abschluss- und Erfolgsorientierung	**Einstellung** Interesse am Gegenüber
…usw		

In einem nächsten Schritt werden die Kompetenzen danach bewertet, ob sie im Rahmen des geplanten Programms vermittelbar sind. Auf Ihrer Liste werden nämlich eine ganze Reihe von Kompetenzen auftauchen, die sich in der beschränkten Zeit zwar fördern, nicht aber systematisch aufbauen lassen. Dazu gehören zum Beispiel solche Kompetenzen (wie etwa die Beherrschung der Grundrechenarten), die schon zu Beginn des Programms vorausgesetzt werden können, aber auch solche allgemeinen Haltungen und Einstellungen (wie zum Beispiel zügige Erledigung o.ä.) die Sie zwar implizit fördern, doch kaum systematisch thematisieren wollen.

Bewerten Sie daher die Felder Ihrer Liste danach, ob die aufgelisteten Kompetenzen in dem von Ihnen geplanten Programm, a) von der Zielgruppe in der Regel zuvor auf systematischem Wege erworben wurden, b) durch Lebens- und Arbeitserfahrung informell erworben werden, c) in dem geplanten Lernprogramm thematisiert und systematisch vermittelt werden sollen.

---

[21] CRM = Customer Relationship Management: Betriebswirtschaftliche Subdisziplin, die sich vor allem mit der Kundenbindung befasst. Mit demselben Begriff werden auch entsprechende Software-Lösungen bezeichnet (CRM-Systeme)

Listen Sie alle Kompetenzen, die als „unverzichtbar" oder „sinnvoll" bewertet wurden, und gleichzeitig in die Kategorie „soll thematisiert und vermittelt werden" fallen, gesondert auf.

Neunter Schritt:
Didaktische Analyse

Die konstruktivistisch ausgerichtete Lehr-/Lernforschung hat mit Nachdruck darauf verwiesen, dass Lernen nicht etwa eine automatische Konsequenz des Lehrens darstellt, sondern einem höchst eigenwilligen, von den Lernenden selbst initiierten und gesteuerten Prozess der Verknüpfung von Bekanntem mit Unbekanntem, von Hypothesenbildung und deren Überprüfung sowie der Generierung subjektiver Bedeutungen entspricht.[22]

Bei der Auswahl und Strukturierung von Lehrinhalten sollen daher die folgenden Prinzipien Beachtung finden:

1. Wissensbestände müssen für die Lernenden subjektive Bedeutung erlangen, um nachhaltig gelernt zu werden.

2. Die Gestaltung von Lehrprozessen soll den Aufbau vernetzter und hierarchisierbarer Wissensstrukturen unterstützen.

Dabei sind vier Wissensformen zu beachten, auf denen Kompetenz aufbaut:

- Bildungsangebote, die den Anspruch verfolgen, Handlungskompetenz zu vermitteln, können sich nicht darauf beschränken, *Begriffe*, *Formeln* oder *Fakten* zu lehren.

- Auch die *Regeln* und *Prinzipien*, durch welche diese Fakten verbunden sind, müssen bekannt sein.

- Darüber hinaus müssen die Lernenden auch *Verfahrensweisen* sowie Anwendungsbedingungen ihres Tuns kennen lernen.

- Und schließlich können Lernende die Bedeutung von Lerninhalten nur dann wirklich erfassen, wenn diese in einen übergeordneten *Bedeutungskontext* eingebettet sind und Erkenntnisse über grundsätzliche Zusammenhänge zulassen, so dass subjektiv be-

---

[22] Die von konstruktivistischer Seite häufig gezogene didaktische und methodische Konsequenz, die Interpretation der Lerngegenstände sowie die Entscheidung, auf welchem Wege das Lernen erfolgt, sollte den Lernenden weitgehend selbst überlassen werden, wird hier allerdings nicht vorbehaltlos geteilt (und ist auch keineswegs zwingend). Diese Position hatten wir im vorausgegangenen Kapitel ausführlich begründet.

deutungsvolle, vernetzte Wissensstrukturen aufgebaut werden
können.

Beantworten Sie daher zu jeder Kompetenzanforderung die folgenden Leitfragen:

Leitfragen:

Über welche

- Fakten und Begriffe,

- Regeln und Prinzipien,

- Methoden und Fertigkeiten und

- welches Zusammenhangwissen

müssen Personen verfügen, um dieser Kompetenzanforderung entsprechen zu können?

Es entsteht die folgende Übersicht:

Lernbereich **xy**	Lerngegenstand	Lernvoraussetzungen
Fakten, Formeln, Begriffe		
Regeln, Prinzipien		
Methoden, Fertigkeiten		
Zusammenhänge		

Auch in dieser Übersicht geht es nicht darum, unbedingt alle Felder auszufüllen! Die Vorgaben sollen lediglich eine Sammel- und Strukturierungshilfe zur Erfassung möglichst aller relevanten Lerninhalte bieten.

Für unser *Praxisbeispiel* sähe die Übersicht z.B. wie folgt aus:

Vertragsentwurf in der Fremdsprache	Lerngegenstand	Lernvoraussetzungen
Fakten, Formeln, Begriffe	Grundlagen des Vertragsrechts, Fremdsprache	Grundkenntnisse im Vertragsrecht, Grundkenntnisse in der Fremdsprache
Regeln, Prinzipien	z.B. Incoterms[23], internationale Zahlungsbedingungen	z.B. Prinzipien der Vertragsgestaltung, Grammatikregeln der Fremdsprache
Methoden, Fertigkeiten	Vertragsentwurf in der Fremdsprache gestalten	Vorgehensweise beim Entwurf eines Vertrags
Zusammenhänge	Kulturelle Unterschiede der Vertragsgestaltung z.B. Präferenz bestimmter Zahlungsmodalitäten	Bereitschaft sich mit der Geschäftskultur des Ziellandes auseinander zu setzen

Die erfolgten Nennungen werden nun überprüft, geordnet und gewichtet. Dazu wird rückgefragt:

Leitfragen:

Sind die Begriffe, Regeln, Prinzipien etc. notwendig und ausreichend

- zur handelnden *Bewältigung* der Situation?
- zum *Verständnis* der Handlungsanforderung und der Handlung?
- zur *kritischen Beurteilung* und Reflexion?

Nennungen, die diesen Anforderungen nicht genügen, werden gestrichen.

Liegen nun für alle relevanten Handlungen innerhalb eines Aufgabenbereiches die Ergebnisse der Handlungsanalyse, der Kompetenzanalyse und der didaktischen Analyse vor, so sollte ein Zwischenschritt eingeschaltet werden, um Doppelungen und Auslassungen zu minimieren. Beantworten Sie dazu die folgenden Fragen:

---

[23] Incoterms sind die Kategorien internationaler Lieferbedingungen

Leitfragen:

- Zeichnet sich ab, dass bestimmte Handlungen sich in Bezug auf Ziele, Voraussetzungen und Handlungsalternativen so stark ähneln, dass sie gemeinsam vermittelt werden können?

- Zeichnet sich ab, dass bestimmte Handlungen so stark aus dem Kontext der anderen Lehrinhalte herausfallen, dass eine Ausgliederung aus dem geplanten Projekt (z.B. als Spezialisierungsmodul) sinnvoll wäre?

- Haben sich im Verlauf der Diskussion Hinweise auf Lücken in Bezug auf das übergeordnete Profil bzw. die Kernaufgabe ergeben?

Zehnter Schritt:
Entwicklung einer Modulstruktur

In diesem Schritt wird schließlich auf der Grundlage der zuvor ermittelten Lernbereiche und Lernvoraussetzungen die eigentliche Modulstruktur errichtet. Module sind Lerneinheiten, die entweder Wissensgrundlagen vermitteln oder zur Ausführung bestimmter Handlungen befähigen. Sie sollten in der Regel einen ungefähr gleichen Umfang besitzen, so dass – wo dies sinnvoll und möglich erscheint – bestimmte Themen zergliedert und andere zusammengefasst werden müssen.

Die Beschreibung von **Modulen** enthält die folgenden Bestandteile:

- **Name** des Moduls,

- **Stundenumfang**,

- Einordnung in die **Rahmenstruktur** a) bzgl. der Zuordnung zu einem bestimmten Aufgabenbereich, und b) bzgl. der Zugehörigkeit zum Pflichtbereich, Wahlpflichtbereich, Weiterbildungsbereich

- die mit Hilfe der erworbenen Kenntnisse und Fertigkeiten zu bewältigende Handlung (**Ergebnisse der Handlungsanalyse**) bzw. der zu behandelnde Lernbereich (**Ergebnisse der Kompetenzanalyse**),

- im Modul vorauszusetzende Kenntnisse und Fertigkeiten (**Lernvoraussetzungen**) und die Module, mit deren Hilfe diese Voraussetzungen hergestellt werden können,

Praxisbeispiel:

Prüfungsanforderungen. Modul 5: Vertragsentwurf	Pflichtmodul	20 Stunden
	Voraussetzung: Modul 2, 3 Zus. empfohlen: Modul 1, 7	
Handlung: Entwürfe für Kaufvertrag in der Fremdsprache schreiben		
Handlungsvoraussetzung: Angebotsanalyse, Informationen zu Geschäftspartner (Bonität) und seinen Produkten, Vorgespräche und Kontaktaufnahme, Analyse nationaler Besonderheiten (vgl. Modul 2: Internationale Angebotsanalyse)		
Handlungsalternativen: Vertragsgestaltung in Abhängigkeit von der Zahlungart: - Dokumente gegen Zahlung - Dokumente gegen Aktzept ...		
Handlungskontrolle: Rechtliche Prüfung (Rechtsabteilung, Anwalt), Vertragsabwicklung		
Lernbereiche	Fakten, Formeln, Begriffe	siehe Beispiel oben
	usw.	
Lernvoraussetzungen	Fakten, Formeln, Begriffe	siehe Beispiel oben
	usw.	
Prüfungsanforderungen	Vertragsentwurf zu Fallbeispiel	

Als Ergebnis der Handlungsanalyse liegt eine geordnete Explikation einzelner Aufgaben vor, die sich an handlungssystematischen Strukturmerkmalen orientiert.

Die Kompetenzanalyse überführt die handlungsanalytisch erstellte Übersicht in eine geordnete Liste derjenigen Kompetenzen, über die Personen zur sicheren und effizienten Ausführung charakteristischer Handlungen verfügen sollten.

Aus der didaktischen Analyse entsteht eine geordnete Liste derjenigen Bestandteile des Wissens und Könnens, die vorhanden sein müssen, um Handlungskompetenz aufbauen zu können. In der Phase der Modulkonstruktion werden daraus Lehreinheiten festgelegt.

Diese Module können ganz unterschiedliche Form und Größe haben. Sie können z.B. eine CD-ROM, einen Lehrbrief oder ein Abschnitt innerhalb eines Internet-Lernprogramms umfassen. Um jedoch die Vergleichbarkeit von Modulen und deren Austauschbarkeit innerhalb des Gesamtprogramms zu Gewähr leisten, ist es wichtig, dass einheitliche Maßstäbe in Hinsicht auf den Umfang, den Schwierigkeitsgrad und die Qualitätsstandards von Modulen bestehen. Nur dadurch wird die Wiederverwendbarkeit einzelner Module, eine gemeinsame Verwaltung und eine geordnete Pflege möglich.

5 Selbst-Lernmaterialien gestalten

Lernen kann – so wie Arbeiten auch – als bewusste und zielgerichtete Handlung verstanden werden. Beide Ausdrucksformen des menschlichen Daseins sind aus kleineren Schritten zusammengesetzt und folgen einem übergeordneten Ziel, dessen äußere Gestalt sich zwar im Laufe der Zeit an neue Voraussetzungen und Gegebenheiten anpassen kann, dessen wesentlicher Kern jedoch unverändert bestehen bleibt.

Wie das Arbeiten, so besteht auch das Lernen in den meisten Fällen – lassen wie den theoretisch interessanten, an dieser Stelle aber nicht weiter zu verfolgenden Fall der *schlagartigen Einsicht*, des nachhaltig wirksamen, einmaligen Erlebnisses einmal außer Acht – aus einer Abfolge von Wiederholungsschleifen. Auch Lernprozesse werden in aller Regel nicht in Form eines einmaligen Durchlaufes durch ein Wissensgebiet erledigt. Wer einen komplexeren Themenbereich tatsächlich verstehen und sich entsprechende Kompetenzen sicher aneignen will, wird außer der unmittelbaren Informationsaufnahme noch weitere Lernschritte benötigen, in denen er den gelernten Stoff für sich verarbeitet, quasi in Besitz nimmt und reflektiert. Dazu sind Wiederholungen und Übungsphasen ebenso sinnvoll wie ein Experimentieren mit Anwendungsbeispielen oder Momente kritischer Reflexion. Systematisiertes Lehren zum Beispiel im Rahmen von Fernunterricht bietet solche Phasen bewusst an und führt die Lernenden durch sie hindurch.

Zwar können die äußeren Gegebenheiten des Lernens am Bildschirm oder am Selbst-Lernbrief handlungsorientierte Lehr-/Lernformen erschweren, denn weder stehen Labors noch Diskussionsrunden selbstverständlich zur Verfügung, noch stammen die Lernenden aus gemeinsamen Handlungskontexten, die z.B. für Gruppendiskussionen über Erlebtes und Erfahrenes zu nutzen wären.

Dennoch halten wir es für entscheidend wichtig, auch bei der Konzeptionierung von Selbst-Lernmaterialien nicht auf handlungsorientierte Elemente zu verzichten. Dazu haben wir ein Schema entwickelt, das Ihnen helfen soll, die Lernsequenzen zu strukturieren und methodisch zu gestalten. Der Selbst-Lernzirkel greift die didaktischen und methodischen Überlegungen des Kapitels 3 auf, indem er die Komponenten des Lernens und des Handelns miteinander verknüpft, denn ein handelnder Umgang mit dem Gelernten kann – das haben wir im Kapitel 3.2f. gezeigt – das umfassende Verständnis, die Fähigkeit zum Transfer der Theorie in die Praxis und die Behaltensleistung deutlich erhöhen.

Zum anderen haben wir die Kompetenzbereiche, welche durch das Lernen mit dem von Ihnen konstruierten Lernmaterial erweitert werden sollen, geordnet. Außer dem deklarativen Faktenwissen soll auch Wissen um Regeln und Prinzipien, Verfahren sowie das Wissen um übergeordnete Zusammenhänge systematisch Berücksichtigung finden. Diese Erweiterung des Kompetenzbegriffes soll nicht dazu führen, dass Sie bei der Erarbeitung der Lernmaterialien nun Punkt für Punkt abarbeiten. Sie kann Ihnen jedoch hilfreich sein, wenn Sie sich vergegenwärtigen, welches Wissen die Lernenden denn überhaupt benötigen, um mit einer bestimmten Aufgabe klar zu kommen.

Der **Selbst-Lernzirkel** bildet den Aufbau und die Struktur von Selbst-Lernprozessen ab. Die Reihenfolge Ihres eigenen Vorgehens bei der Konzipierung des Lehr-/Lernmaterials, kann sich allerdings nicht strikt an diesem Modell orientieren. Was für Lernende einen sinnvollen Aufbau und Ablauf des Lernprozesses darstellt, muss von Autoren und Entwicklerinnen z.T. schon vorausschauend bzw. in einer anderen Reihenfolge geplant worden sein.

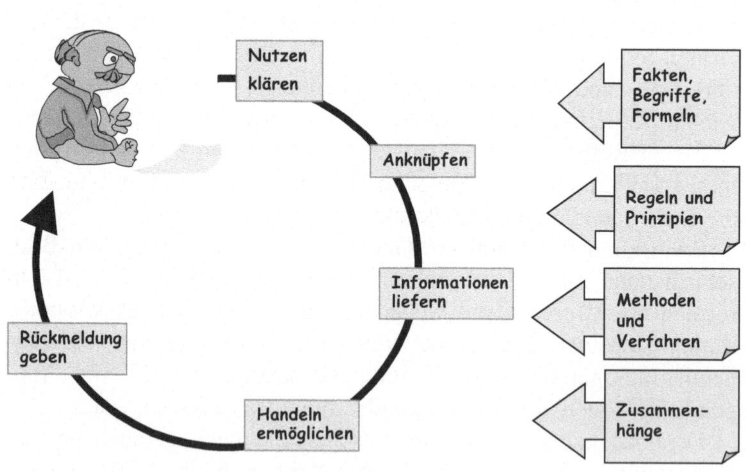

Abbildung 10: Der Selbst-Lernzirkel

5.1
Nutzen klären

5.1.1
Die Aufgabe

Nutzen ist ein Begriff aus den Wirtschaftswissenschaften, der das zentrale (und einzige) Handlungsmotiv des *homo oeconomicus,* des wirtschaftlich denkenden Menschen, bezeichnet. Ganz so eindimensional werden wir hier nicht argumentieren. Doch die Verwendung des Begriffes Nutzen soll verdeutlichen, dass wir das Gewicht in erster Linie auf *rationale* Erwägungen und Entscheidungen der erwachsenen Lernenden legen.

In Bezug auf die Entwicklung von Selbst-Lernangeboten lassen sich unterschiedliche Dimensionen von Nutzen beschreiben: Zum einen knüpft der Begriff im betriebswirtschaftlich-organisatorischen Sinne an rationale, ökonomisch begründbare (Investitions-) Entscheidungen an und hilft den Entwicklerinnen und Entwicklern von Lernangeboten bei der Planung und der Vermarktung Ihres Angebots. Zum anderen ist der (zu erwartende) Nutzen Handlungsmotiv der Anwenderinnen und Anwender und damit Grundmotiv didaktischer Überlegungen. Beides ist eng miteinander verbunden.

Im Unterschied zum schulischen Lernen haben wir es nicht mit Lernenden zu tun, die (gezwungenermaßen) in einer Veranstaltung sitzen, sondern wir sind darauf angewiesen, sie für unser Lehrangebot aktiv zu gewinnen. Die Bildungswahlentscheidung, die zeitlich *vor* der eigentlichen Lernhandlung liegt, wird in didaktischen Darstellungen jedoch häufig vernachlässigt. Durch ihre Rückwirkung auf den Prozess der Entwicklung und auf die Gestaltung von Selbst-Lernangeboten, ist sie u. E. jedoch Teil des didaktischen Feldes und soll als solche auch ausführlich mit bedacht werden.

Das Motiv *Nutzen* tritt zunächst gewissermaßen von außen an das Lernangebot heran. Erst im Verlauf des Lernprozesses machen sich Lernende seinen Gehalt auch unter inhaltlichen Gesichtspunkten zu Eigen. Das Interesse bei der Entscheidung für ein bestimmtes Bildungsangebot bezieht sich sehr häufig auf einen formalen Nutzen (etwa in Form eines Abschlusszertifikates), einen informalen antizipierten Gewinn oder auf ein eher allgemeines Interesse am Thema. Das schließt nicht aus, dass sich im Laufe der Zeit ein konkretes inhaltliches Engagement entwickeln kann, doch die ersten, noch wenig konkretisierten Anhaltspunkte zur Einschätzung des persönlichen Nutzens eines Bildungsangebotes müssen potenzielle Kundinnen und Kunden von Seiten der Bildungsanbieter erhalten.

Nur wenn der Nutzenaspekt schon in der Planungs- und Entwicklungsphase des Selbst-Lernangebotes konsequent beachtet und umgesetzt wurde, kann er glaubhaft vermittelt und motivational genutzt werden. Es hilft nicht, Motivation durch später hinzugefügte oder übertriebene Nutzenversprechen herbeizuführen oder gar allein auf oberflächliche Anreize medialer Effekte zu bauen.

5.1.1.1
Nutzen als betriebswirtschaftlich-ökonomische Kategorie

In seiner betriebswirtschaftlich-organisatorischen Bedeutung ist der Begriff Nutzen an den Bedürfnissen der Kundinnen und Kunden orientiert. Ganz im Sinne einer modernen Marketing-Konzeption steht dieser im Mittelpunkt betriebswirtschaftlicher Überlegungen. Der zu erreichende Kundennutzen ist Planungsgröße und conditio sine qua non einer erfolgreichen Produkteinführung.

Bei vielen Produkten wird mit den Möglichkeiten der Kommunikationspolitik nachgeholfen, um Kunden einen bestimmten Nutzen nahe zu bringen. Oft wird auf der emotionalen Ebene agiert, denn Kundinnen und Kunden handeln nicht unbedingt rational. Produkte werden mit einem bestimmten Life-Style verknüpft, Emotionen und Gruppenzugehörigkeitswünsche werden angesprochen usw. Bestimmte Produkte werden aus Prestigegründen, aus Spaß, weil sie so gut schmecken oder so gut aussehen gekauft. Eine Heerschar von Marktforscherinnen und Marktforschern bemüht sich herauszufinden, aus welchen Gründen Menschen etwas kaufen und wie sie dazu motiviert werden können und die Werbung tut ihren Teil dazu, uns zu suggerieren, welche Bedürfnisse wir noch haben und haben könnten.

Andere Produkte werden aus reiner Notwendigkeit angeschafft. Im Vordergrund steht dabei der erfahrbare Nutzen, den das Produkt bietet. Eine Steckdose soll funktionieren, ein Medikament soll effizient wirken. Die Aufmachung der Verpackung ist dabei relativ gleichgültig. Und selbst dann, wenn wir auf eine ansprechende Verpackung einmal hereingefallen sind, werden wir uns das Produkt kein zweites Mal kaufen, wenn es beim ersten Mal unseren Erwartungen nicht entsprach.

Auch Bildungsangebote werden eher aus rationalen Überlegungen heraus „gekauft". Dies gilt vor allem für Angebote auf dem freien Markt. Aber auch an Universitäten kann man beobachten, dass diejenigen Veranstaltungen am ehesten besucht werden, die den Studierenden am meisten nützen.

Die Besonderheit des Produktes Bildung besteht nun darin, dass Kunden oder Kundinnen bzw. Lernende nicht nur passiv konsumieren, sondern sich anstrengen müssen, um das Ziel zu erreichen. Die Lernenden werden sich deshalb in der Regel noch kritischer mit dem zu erwartenden Ziel auseinander setzen.

Bei der Entwicklung von Selbst-Lernmaterialien ist es daher sinnvoll, sich den Marketingwert des Produktes schon zu Beginn zu verdeutlichen. Nur das wird später am Markt Bestand haben, was einen darstellbaren Nutzen offeriert.

Wichtig ist es auch zu unterscheiden, in welchem Kontext ein Lernangebot gemacht werden soll. Lernangebote können Bestandteil eines institutionalisierten Bildungsangebotes mit Pflichtcharakter sein. Auch hier ist es ratsam, den Nutzen für den Lernenden und nicht den der Organisation in den Mittelpunkt der Überlegungen zu stellen. (Synergie-Effekte bzw. eine „Win-Win-Situation" sind natürlich erwünscht.) In Zeiten zunehmenden Wettbewerbs auf dem Bildungsmarkt wäre eine Ausrichtung an rein institutionellen Zwängen und die Vernachlässigung des Mehrwertes für die Lernenden – für die „Kundinnen und Kunden" des Bildungsmarktes – der falsche Weg.

Dies gilt auch für (private) Institutionen bzw. Unternehmen, deren primäres Anliegen nicht im Bildungsbereich verortet ist. Für diese Einrichtungen steht beim Einsatz (Kauf) von Selbst-Lernangeboten weniger der individuelle Nutzen als vielmehr der Nutzen für die Organisation im Vordergrund. Lernangebote müssen sich aber auch hier – sollen sie Erfolg haben – an den Bedürfnissen des Lernenden und nur in zweiter Linie an den ökonomischen Anforderungen des Unternehmens orientieren. Der entsprechende Erfolg tritt dann ein, wenn sich die Leistungsziele der Lernenden mit den Interessen der (finanzierenden) Unternehmen so weit als möglich decken.

Praxisbeispiel[24]:

- Die Kunden sind: Der Verband; die Unternehmen und die Einkaufsleiter
- Für den Verband besteht der Nutzen darin, sich positiv gegenüber den Mitgliedern und in der Öffentlichkeit zu präsentieren: „Wir tun etwas für unsere Mitglieder".
- Die Unternehmen sind an guten Vertragsabschlüssen, einer hohen Bindung ihrer besonders qualifizierten Mitarbeiterinnen und Mitarbeiter, neuen Strategien des globalen Einkaufens und wirtschaftlicher Sicherheit interessiert.
- Den Teilnehmerinnen und Teilnehmern wird es vor allem darum gehen, ihre berufliche Position und (Handlungs-)Fähigkeit zu verbessern, dem Unternehmen zu signalisieren, dass sie an beruflicher Karriere interessiert sind

---

[24] Wir führen an dieser Stelle das Praxisbeispiel aus Kapitel 4 fort. Hier geht es nun um die Gestaltung von Selbst-Lernmaterialien; also z.B. um eine CD-Rom für die dargestellte Thematik: „International beschaffen".

und Weiterbildungsmaßnahmen besuchen, um sich persönlich zu entwikkeln.

- Die Analyse der Ziele der Interessengruppen ergibt, dass keine Zielkonflikte vorliegen. Das heisst, mit erfolgreicher Umsetzung eines Lernangebotes für die Einkaufsleiter bzw. Einkaufsleiterinnen werden mittelbar die Ziele der Unternehmen und des Verbandes erreicht. Primäres Ziel ist, die Lernenden/ Nutzer für die genannte berufliche Anforderung handlungsfähig zu machen.
- Die Vereinbarungen mit dem Verband und den Unternehmen verpflichten die potenziellen Teilnehmer in einem gewissen Maße zur Teilnahme. Allerdings sollten Sie sich immer an den Lernenden – sprich den Einkaufsleiterinnen bzw. Einkaufsleitern – und nicht an den anderen Interessengruppen orientieren.

5.1.1.2
Persönlicher Nutzen, Motiv und Interesse

Von den betriebswirtschaftlich-organisatorischen Überlegungen zum geplanten Kundennutzen sind didaktische und inhaltliche Aspekte zu unterscheiden. Betriebswirtschaftlich interessieren in erster Linie die Fragen des Kaufanreizes, des wahrnehmbaren herausgehobenen Kundennutzens, der Kundenzufriedenheit und erst in zweiter Linie die Gestaltung des Lernprozesses. Überspitzt ließe sich sagen, dass aus betriebswirtschaftlicher Sicht das Produkt dann gut ist, wenn der Kunde oder die Kundin annimmt, er oder sie habe etwas gelernt. Im Mittelpunkt didaktischer Überlegungen steht jedoch der tatsächliche Nutzen durch den Wissenserwerb an sich.

Sinnvolles Lernen (im Sinne Ausubels 1974) ist in starkem Maße davon abhängig, dass Lernende sich darüber im Klaren sind, wozu sie sich die Lerninhalte aneignen sollen. In Selbst-Lernprozessen wird ein erfahrenes oder befürchtetes Wissensdefizit häufig das Motiv des Lernens sein und auch die gesamte Haltung der Lernenden gegenüber dem Bildungsprogramm beeinflussen.

Häufig gibt es im Leben der Lernenden Anlässe für den Wunsch, bestimmte Wissensbereiche genauer kennen zu lernen. So können bestimmte Handlungssituationen mit Lernmotiven verbunden werden, z.B. dann, wenn das vorhandene Wissen als unzureichend für die Bewältigung einer bestimmten Handlungsanforderung empfunden wird. Lernmotive können auch mit starken persönlichen Interessen oder Rücksichtnahmen verknüpft sein, die u.U. heftige Emotionen mit sich bringen, welche aus einer „Mischung von Interesse, Rücksichtnahme, Ungewissheit und Besorgnis über eine gegenwärtige Bedingung oder zukünftige Entwicklung" rühren (Wedemeyer 1989: 199). Damit entwickeln sich „vorherrschende Interessen" als Motiv des Lernens in bestimmten Lebensabschnitten, die an (potenziell veränderbare) Situationen gebunden sind. Über allgemein gültige Interessen, die das menschliche Streben nach Lerngelegenheiten auf einer grundsätzlichen Ebene begründen, gehen sie deutlich hinaus und konkretisieren sie in Hinblick auf einen spezifischen Lerngegenstand.

Lernen wird also von affektiven, nicht-rationalen Zielen ebenso stark beeinflusst wie von rational-bewussten. So beeinflusst etwa die wahrgenommene Schwierigkeit der Aufgabe den Grad der Anstrengung, die Lernende aufzubringen bereit sind, oder das geweckte Interesse den Grad des Engagements im Lernprozess ganz erheblich.

In der neueren didaktischen Diskussion spricht man daher davon, dass außer ‚skill‘ auch ‚will‘ erforderlich sei, d.h.: motivationale Komponenten (Selbstwirksamkeitserwartungen, Interesse am Gegenstand), volitionale Komponenten sowie funktionale epistemische Überzeugungen (das Wissen muss als bedeutsam und hilfreich für die eigene Lebenssituation und -perspektive erachtet werden) für erfolgreiches Lernen entscheidend sind.

Der gegenseitige Einfluss von ‚skill‘ und ‚will‘ lässt sich als positiver Regelkreis darstellen: Wer den Nutzen von Wissensbeständen erkennt, wird sie sich eher aneignen und wirksamer lernen, sie in Handlungssituationen eher einsetzen und dadurch stärker von ihrem Nutzen überzeugt sein etc. Wer Begriffe und Schemata wirklich versteht, erkennt eher den Nutzen etc.

5.1.2
Handlungsschritte und Leitfragen

Wenn Sie den Nutzen Ihres Angebots für potenzielle Teilnehmerinnen und Teilnehmer deutlich machen wollen, sollten Sie sich dabei eng an den Aufgaben und Kompetenzbereichen des Moduls, wie Sie ihn in der Phase drei der Rahmenstruktur festgelegt haben (vgl. Kapitel 4.3), orientieren. Zeigen Sie deutlich, auf welche Weise dieses Modul in das Gesamtprogramm eingebunden und mit ihm verknüpft ist.

Wenn Sie keine Rahmenstruktur für Ihr Bildungsangebot festgelegt haben, sollten Sie an dieser Stelle möglichst präzise bestimmen, welche Handlungen (auch: mentale Handlungen) die Personen, welche Ihr Bildungsangebot wahrnehmen sollen, anschließend beherrschen sollen. Was können Sie konkret und realistisch anbieten? Welchen Nutzen haben die Absolventen und Absolventinnen unter Umständen davon?

Unterscheiden Sie dabei zwischen formalem und inhaltlichem Nutzen:

- Bestimmte Angebote führen zu einem institutionalisierten, **formalen** Bildungsabschluss bzw. einem Teilschritt dazu. Sie haben einen definierten formalen Nutzen („Dieses Lernprogramm bietet Ihnen eine umfassende Vorbereitung auf den theoretischen Teil der Führerscheinprüfung"),

- Andere Angebote helfen beim Erwerb zusätzlicher Handlungskompetenzen in Beruf und Privatleben. Sie bringen einen **inhaltlichen** Nutzen mit sich („Das Lernprogramm erklärt die Bedeutung der Verkehrsschilder").

- Ein häufig nicht explizit formulierter, aber dennoch für die Bildungsentscheidung bedeutsamer Nutzen von Bildungsveranstaltungen besteht in **sozialen** und kommunikativen Aspekten einer Weiterbildung.

Diese unterschiedlichen Nutzenaspekte können sich überlagern oder im Laufe des Lernprozesses verschieben. Wichtig ist, dass es sich nicht um konfliktäre Zielbeziehungen handelt. Stattdessen sollten sich die Ziele ergänzen: Eine private Fortbildung in Englisch kann im Urlaub helfen *und* für den Beruf nützlich sein. Das Lernen für eine Prüfung hilft, Fachwissen im Beruf parat zu haben.

Neben der Umsetzung in Lernziele (siehe nächster Absatz) ist es an dieser Stelle wichtig, die Lernenden konkret und offen über den zu erwartenden Nutzen, über das Konzept, den notwendigen Aufwand, die Zielsetzung, usw. zu informieren. So erreichen Sie einen Transparenz-Effekt, der Missverständnisse und Enttäuschungen vermeiden hilft. Eine transparente Nutzendarstellung trägt zugleich dazu bei, die Lernenden in Ihrer Entscheidung noch einmal zu bestätigen. In Phasen der Unsicherheit können – wie beim Kauf teurer und schlecht klassifizierbarer Produkte – kognitive Dissonanzen entstehen, die der Mensch immer auszugleichen sucht. Alle Informationen, die die Richtigkeit eines Entschlusses bestätigen, werden in dieser Phase gerne angenommen und helfen Zweifel und Demotivation zu vermeiden.

Praxisbeispiel

So könnte im Lernangebot (einer CD-Rom) noch einmal bestätigt werden: „Wir haben das Angebot speziell für die Bedürfnisse von Einkaufsleitern in mittelständischen Betrieben optimiert. Nach Absolvieren dieser Lerneinheit können Sie sicher Verhandlungen mit Ihren ausländischen…."
Tests zur Selbsteinschätzung können dazu beitragen, den potenziellen Nutzen eines Lernprogrammes realistisch zu erfassen. In diesem Fall steht beispielsweise zu Beginn einer Lerneinheit ein Multiple Choice-Test mit operationalisierten Lernzielen und der Aufforderung: Entscheiden Sie, inwieweit Sie die angeführten Kenntnisse und Fertigkeiten bereits beherrschen! Die Antwortskala

umfasst dann 5 Abstufungen (von 1 = ist mir gänzlich unbekannt bis 5 = in diesem Bereich habe ich keine Probleme) und ermöglicht es dem Lernenden, gezielt Kapitel oder Abschnitte des Lernprogrammes auszuwählen, die ihm helfen, seine Wissenslücken zu schließen.

Leitfragen und Praxishinweise:

Im „Vorfeld" des Lernangebotes:

- Machen Sie den Nutzen Ihres Angebote transparent. Sagen Sie offen, was Ihr Angebot kann und was es nicht kann.

- Teilen Sie den Kunden den Nutzen Ihres Produktes bzw. Ihres Angebotes mit. Stellen Sie heraus, was Ihr Angebot von anderen Angeboten abhebt.

- Wenn es sich um die Veränderung eines institutionalisierten Lernangebotes handelt, stellen Sie sicher, dass die veränderte Form des Angebotes von den Lernenden akzeptiert werden wird. Befragen Sie die Zielgruppe: Würden Sie die neue Form des Angebotes der bestehenden vorziehen?

Innerhalb des Selbst-Lernangebotes:

- Versuchen Sie den Lernenden in der Lernumgebung mehrfach die Richtigkeit des (Kauf/Lern-) Entschlusses zu bestätigen.

- Stellen Sie die Lernziele deutlich heraus.

- Machen Sie realistische Angaben zum erwarteten (zeitlichen) Lernaufwand.

- Verdeutlichen Sie, dass der Erfolg im wesentlichen von den Anstrengungen des Lernenden selbst abhängt.

- Bieten Sie die Möglichkeit der Auswahl von Lerninhalten und Zugangsbeispielen. Eine Vielfalt der Zugangsmöglichkeiten zum Thema erhöht die Wahrscheinlichkeit, dass ein Weg den individuellen Interessen des Einzelnen gerecht wird. Den Einzelnen wird ein individueller Zugang auf der Basis eigener Wissensstrukturen ermöglicht.

- Sprechen Sie die Lernenden direkt an, fordern Sie auf, stellen Sie Fragen.

- Beachten Sie bei der Beschreibung von Lernzielen zu Beginn eines Lernangebotes, dass die Lernenden diese zu Beginn des Lernprozesses kaum einschätzen können. Statt Lernziele anzugeben, scheint es in vielen Fällen sinnvoll, diejenigen Handlungs- oder Problemsituationen zu schildern, die Lernende mit Hilfe des Lernangebotes besser bewältigen werden.

Tests zur Selbsteinschätzung können dazu beitragen, den potenziellen Nutzen eines Lernprogrammes realistisch zu erfassen. In diesem Fall steht beispielsweise zu Beginn einer Lerneinheit ein Multiple Choice-Test mit operationalisierten Lernzielen und der Aufforderung: *Entscheiden Sie, inwieweit Sie die angeführten Kenntnisse und Fertigkeiten bereits beherrschen!* Die Antwortskala umfasst dann 5 Abstufungen (von 1 = ist mir gänzlich unbekannt bis 5 = in diesem Bereich habe ich keine Probleme) und ermöglicht es Lernenden, gezielt Kapitel oder Abschnitte des Lernprogrammes auszuwählen, die helfen, Wissenslücken zu schließen.

5.2
Anknüpfen

5.2.1
Die Aufgabe

Erinnern sie sich noch an Krimi von vor 6 Wochen? – Nein? Hatte die Kassiererin letzte Woche im Supermarkt eine Brille auf? – Das wissen Sie nicht? – Keine Sorge, Ihr Gedächtnis arbeitet trotzdem ganz normal. Wir vergessen sinnvollerweise einen Großteil der auf uns einstürzenden Sinnesreize und Informationen sofort wieder. Alles andere würde unser kognitives System in Kürze überlasten.

Wenn Sie sich doch an die Kassiererin oder an den Krimi erinnern, hat das einen bestimmten Grund: Die Dame im Supermarkt erinnerte sie irgendwie an Ihre Cousine aus Berlin, im Krimi fuhr der Kommissar das gleiche Auto wie Sie, der Mörder hatte einen Akzent wie Ihr früherer Klassenlehrer usw. Sie haben das Gesehene oder Erlebte mit Vorerfahrungen verknüpft.

In diesem Sinne wird Neues auch beim Lernen mit Vorerfahrungen, Erlebtem, Gelesenem oder Gewussten verknüpft. Ist dies nicht möglich, dann erleben wir das Neue als unverständlich, fremd und überkomplex. Eine Fülle von Reizen, die wir zunächst nicht zu ordnen vermögen, strömt auf uns ein und vermittelt vor allem Erlebnisse auf der emotionalen Ebene: im besten Falle Faszination, im schlechten Frustration, in der Regel aber wohl Irritation und Unverständnis. Solche Lernerlebnisse, bei denen Menschen mit ganz fremden, durch Vorerfahrung nicht erschließbaren Reizen konfrontiert werden, können z.B. auftreten, wenn jemand eine fremde Sprachen hört oder ein kulturell wenig interessierter Mensch moderne Kunst betrachtet. Es fehlen Anknüpfungspunkte, die Vergleiche mit Bekanntem zulassen, und ein Ordnungsprinzip, das Wesentliches von Unwesentlichem unterscheidet.

Eben diese Anknüpfungspunkte und Ordnungsprinzipien erweisen sich für systematisiertes Lernen jedoch als enorm hilfreich. Die fehlende Möglichkeit, Informationen zu verknüpfen oder zu verankern, verhindert Lernprozesse oder erschwert sie doch sehr.[25] Kognitionsforscher gehen davon aus, dass Wissen in Form von Verknüpfungen, Knoten und Spuren in unserem Gehirn gespeichert und verarbeitet wird. Zu Beginn eines systematisierten Lernprozesses halten wir es daher für sinnvoll, auf den Bereich des Vorwissens zu verweisen, an dem der neue Lernstoff anknüpfen kann. Dies kann auf Seiten der Lehrenden bzw. des Lernmaterials z.B. durch gezielte Fragen oder durch die Schilderung eines Fallbeispiels geschehen. Sie können auch Analogien zu ähnlichen Inhalten herstellen oder auf bekannte Grundlagen wiederholend hinweisen.

Selbst-Lernenden, denen das Themenfeld schon aus der beruflichen Praxis vertraut ist, wird der potenzielle Anwendungsbezug eines Lerngegenstandes häufig deutlicher als Lernenden in Schule oder Universität. Die Verknüpfung neuer Inhalte mit Praxissituationen bzw. der Rückbezug theoretischer Grundlagen auf Anwendungen fällt ihnen dementsprechend leichter.

5.2.2
Handlungsschritte und Leitfragen

Zu Beginn einer Lernsequenz steht eine Ausgangsfrage. Sie drückt die Diskrepanz zwischen Anforderungen oder Problemen der Umwelt und der eigenen Fähigkeiten, auf diese zu reagieren, möglichst präzise aus und richtet die Aufmerksamkeit auf einen bestimmten Fokus. Eine gut formulierte Ausgangsfrage aktiviert das Vorwissen der Lernenden, da diese zunächst versuchen werden, aus eigenen Mitteln eine Antwort zu finden. Zugleich bietet sie Hinwiese darauf, welche Lerninhalte zentraler und welche weniger zentraler Natur sind.

Ausgangsfragen können z.B. in der Schilderung von Fragen bzw. Problemstellungen bestehen, Schlüsselbegriffe können benannt und

---

[25] Diese Auffassung vertreten wir jedenfalls und zwar entgegen der manchmal vertretenen Meinung, dass ein situatives Eintauchen in ein bestimmtes Wissensgebiet ein besonders ganzheitliches Lernen befördere. Wir glauben, dass besonders erwachsene Lernende bei dieser Art des Wissenserwerbs von ihren spezifischen Möglichkeiten und Potenzialen zu wenig Gebrauch machen.

ihre Relevanz umrissen werden. Entscheidend wichtig ist es, bei der Formulierung der Fragestellungen an den Wissensstand des Lernenden vor dem eigentlichen Lernprozess anzuknüpfen, d.h. nur solche Begriffe und Konzepte vorauszusetzen, über die der Lernende zu diesem Zeitpunkt bereits verfügt.

Damit ist es freilich nicht getan. Dadurch, dass in einem Lernmaterial eine Ausgangsfrage bzw. eine Ausgangssituation geschildert ist, müssen Lernende diese sich noch nicht zu Eigen gemacht haben. Genau dieser Schritt – das sich-zu-Eigen-Machen von Fragestellungen und Wissensbeständen – ist jedoch die Basis des selbstgesteuerten Lernens. Um einen *„bestimmten Bedeutungskomplex für mich zum aktuellen Lerngegenstand"* (Holzkamp 1993: 211) werden zu lassen, muss ich nicht nur benennen können, welche Handlung ich nach abgeschlossenem Lernprozess ausführen können will (Klavier spielen, Englisch sprechen), sondern ich muss wissen, welche Lernschritte dazu mit welchen Methoden bearbeitet werden müssen. Das Individuum muss, so ließe es sich mit Holkamp formulieren, aus einer primären Handlungsproblematik eine spezifische, inhaltlich begründete Lernproblematik ausgliedern.

Praxisbeispiel

Bei der recht eindeutig umrissenen Zielgruppe unseres Praxisbeispiels bietet es sich an, die Ausgangsfrage direkt mit einem konkreten Fallbeispiel zu verknüpfen. Hilfreiche Hinweise für die Entwicklung eines solchen Fallbeispiels erwachsen aus einer vorherigen Befragung der Zielgruppe.
Bsp: Sie sind Einkaufsleiter des Topfmaschinenherstellers Mayer GmbH in Grimmelsbach. Für den Antrieb ihrer Maschinen sorgen bisher Motoren der Müller AG in Wimpflingen. Die Müller AG ist der einzige europäische Hersteller der benötigten Motoren. Nach 2 Preiserhöhungen in kurzer Folge und einer nachlassenden Qualität der Ware und des Services, schlagen Sie dem Geschäftsführer vor, Beschaffungsalternativen zu prüfen. Auf der letzten Hannover Messe haben Sie Prospekte des Gemeinschaftsstandes China/Ostasien mitgebracht, in denen auf Produkte (Motoren) hingewiesen wird, die für Ihre Zwecke geeignet sein könnten. Ihr Chef beauftragt Sie damit, eine Marktanalyse durchzuführen, den Kontakt herzustellen und – wenn möglich – Vorverhandlungen zu führen. Kurz: Sie sollen international beschaffen.
Wie gehen Sie vor? Wie führen Sie Verhandlungen auf Englisch? Was ist bei internationalen Verträgen zu beachten? Wie pflegen Sie langfristige Geschäftsbeziehungen?

Die ersten Fragen, die Lernende an Inhalte richten, sind dabei notwendigerweise noch unvollständig, tendenziell naiv und oberflächlich – steht doch der Lernprozess, der ja die Vollständigkeit, Expertise und Tiefe des Wissens erst bewirken soll, noch aus. Im Laufe des Lernens wird die objektive Diskrepanz zwischen Vorwissen und Lerngegenstand zunehmend erfahrbar und ihre Verringerung durch eine immer präzisere Ausdifferenzierung der „Fragen an den Lerngegenstand" gespiegelt. Bedingung dafür, dass eine subjektiv bedeutungsvolle Lernproblematik aus der Fülle potenzieller Lerngegenstände ausgegliedert wird, ist zum einen das mindestens teilweise, zunächst vielleicht auch irritierende Erfahren und Bewusstwerden von Lerngegenständen, die dem eigenen Verständnis und Handlungsmöglichkeit entzogen sind. Und gleichzeitig muss der Lernende sein eigenes Vorwissen als unzureichend zur Bewältigung bestehender Handlungsanforderungen erleben.

Die Entwicklung eines subjektiven Lerninteresses an den Inhalten des Lernangebotes und das Erkennen persönlicher Wissensdefizite, die mit Hilfe Ihres Programmes ausgeglichen werden können, unterstützen Sie, indem Sie die Ausgangsfrage des Lernangebotes besonders prägnant, anschaulich und interessant darstellen und die Konflikte, die sich hinter der Frage verbergen, darstellen.

Leitfragen und Praxishinweise

- Neugier ist ein zentrales menschliches Motiv. Nutzen Sie dies für entdeckendes, selbstgesteuertes Lernen.

- Ermöglichen Sie den Lernenden einen „sanften" Einstieg, indem Sie Fallbeispiele, konkrete Praxissituationen oder Anwendungen des Lernstoffes vorstellen.

- Folgen Sie dabei den folgenden Fragen: Welche Wissensgrundlagen kann ich bei den Lernenden voraussetzen? In welcher Beziehung steht dieses Ausgangswissen zum neuen Lernstoff? Auf welche Weise lässt sich diese Beziehung konkret ausdrücken und illustrieren?

- Hilfreich sind dabei Analogien zu verwandten Wissensgebieten, die Schilderung bereits bekannter Situationen, der Hinweis auf Grundlagenwissen etc.

- Formulieren Sie Ausgangsfragen (die gar nicht unbedingt in Frageform gestellt sein müssen), um die übergeordnete Handlungsproblematik auf eine Lernproblematik herunter zu brechen.

- Humor und Provokation erregen Aufmerksamkeit und führen zumindest kurzfristig zu mehr Freude am Lernen. Ein allzu exzessiver Einsatz von Comics etc. dagegen wirkt u.U. ablenkend und spielt die eigentliche Bedeutung des Lernstoffes herab.

5.3
Informationen liefern

5.3.1
Die Aufgabe

Mit diesem Abschnitt des Selbst-Lernzirkels dringen wir in den zentralen Kernbereich des Lehrens vor. Hier präsentieren Sie Lernstoff, definieren Begriffe, erklären Regeln und erläutern Zusammenhänge. Fakten werden vermittelt und verarbeitet.

Diese Fakten sind durch die raschen Verfallsraten des Wissens etwas in Verruf geraten. Es sei ohnehin nicht möglich, sich alle relevanten Wissensbestände tatsächlich anzueignen, so wird immer wieder argumentiert. Die Vorstellung von einem mehr oder minder vollständigen Wissenskanon, mit dessen Hilfe die wesentlichen Anforderungen eines Wissensgebietes abzudecken seien, erweise sich als Illusion. Wichtiger als zu wissen, sei es, sich Wissen neu aneignen zu können, d.h. sich zu orientieren, zwischen wichtigen und unwichtigen Informationen zu unterscheiden.

Hinweise auf die Bedeutung ganzheitlich angelegter Schlüsselqualifikationen, auf die Notwendigkeit von Sozial- und Individualkompetenz, auf die Problematik des Lehr-/Lern-Kurzschlusses und die negativen, rigiden Seiten des instruktiven Lehrens haben das Pendel teilweise sehr weit zurückschwingen lassen. Wer sich heute dem tatsächlichen Lehren widmet, Informationen weitergibt, Erklärungen anbietet und Regeln aufschreibt, gerät mitunter in Legitimationszwang.

Entgegen dieser (allerdings recht zugespitzt wiedergegebenen) Auffassung, sind wir der Meinung, dass auch Faktenkenntnisse ihre je eigene Bedeutung und Wichtigkeit besitzen. Wissen bedeutet durchaus nicht nur, *zu wissen, wo es steht*, wie ein verbreitetes Diktum uns glauben machen will. Fakten stehen auch für sich selbst und ihre Kenntnis hilft uns, Welt zu begreifen und zu verstehen.

Die Teilnehmerinnen und Teilnehmer an Selbst-Lernprozessen haben sich in der Regel für ein Lehrangebot entschieden, und sie haben dafür bezahlt. Ihnen die gewünschten Informationen in dichter und effizienter Weise zukommen zu lassen, erscheint unter diesen Bedingungen nicht mehr als recht und billig.

Praxisbeispiel

In unserem Praxisbeispiel sind die „Hard-facts" wie das Fachvokabular oder juristische Bestimmungen notwendige Voraussetzung für die Handlungsfähigkeit in der Verhandlungssituation.

Zugleich hilft Lernenden die Kenntnis konkreter Fakten auch beim Weiterlernen. Die Bedeutung und damit der Sinn einer neuen Information kann nämlich nur dann verstanden werden, wenn sie in Art und Größe zu einer anderen in Beziehung gesetzt werden kann. So dienen bereits verarbeitete Daten und Informationen als Orientierungsrahmen und machen es zum Beispiel möglich, neue Informationen zu den schon bekannten in sinnvolle Beziehung zu setzen. Nur wer einige Geschichtszahlen gelernt hat, kann sich unter der Information, Jean-Jacques Rousseau habe von 1712 bis 1788 gelebt, etwas vorstellen. Nur wer weiß, wie groß ein RAM-Speicher bei Computern einer bestimmten Charakteristik ist, kann mit den technischen Daten im Werbeprospekt etwas anfangen.

Probleme treten jedoch dann auf, wenn von isolierten Faktenkenntnissen die Rede ist. *A oder ab, ex oder e, de cum sine pro und prae*[26] *– drei, drei, drei, bei Issus Keilerei –* solche Wissensbruchstücke, die relativ unvermittelt und unverbunden nebeneinander stehen, werden nur in seltenen Fällen handlungsrelevant und können auch für den sukzessiven Aufbau weiterer Wissensnetze nur im Ausnahmefall genutzt werden. Auch Fertigkeiten, die nur in ganz spezifischen Situationen eingesetzt werden können, sind schwer zu erlernen und werden rasch wieder vergessen. (Denken Sie z.B. an das, was Sie aus dem Tanzkurs Ihrer Jugend oder dem Anfangskurs „Spanisch für Urlauber" noch wissen.)

Leichter und nachhaltiger lassen sich Kenntnisse und Fähigkeiten erwerben, wenn sie mit übergeordneten Bedeutungsstrukturen und Anwendungsgebieten verknüpft werden können. Weiter oben haben wir den Anspruch formuliert, Lernen nicht um des Lernens willen zu praktizieren, sondern mit seiner Hilfe zu einem wirkungsvolleren und produktiveren Umgang mit Lebenspraxis oder bestimmten Theoriebereichen zu gelangen. Es soll nicht um ‚*mechanisches Lernen*‘ (Ausubel), sondern um eine produktive Auseinandersetzung mit einem als sinnvoll erkannten Lerngegenstand gehen.

Wenn dieser Anspruch Gültigkeit haben soll, müssen Lerninhalte dazu geeignet sein, Kontextwissen und Zusammenhänge zu erschließen. Erst ein Bedeutungsgehalt, der über die je konkret vorgestellte Lernsituation hinausweist und übergeordnete Prinzipien, Regelmäßigkeiten oder Widersprüche aufdeckt, kann dazu beitragen, Neues sinnvoll mit Bekanntem zu verknüpfen und darüber hinaus zukünftige Wahrnehmung zu strukturieren und zu prägen.

Außer der **deklarativen Information** über Fakten, Begriffe und Sachverhalte (wissen, dass) gehört also zu einem bedeutungshaltigen Lernen auch der Erwerb von **prozeduralem Wissen**, d.h. das Wis-

---

[26] Lateinische Präpositionen, die mit Ablativ stehen.

sen darüber, auf welche Weise mit den erworbenen Kenntnissen umgegangen werden soll (wissen wie). Ein gewisser Überblick über Methoden, Problemlösestrategien oder kommunikative Kompetenz ist ebenfalls Teil des prozeduralen Wissens. Schließlich beinhaltet bedeutungsvolles Lernen auch die Vermittlung von **konzeptuellem Wissen**, d.h. die Einsicht, in welchen Situationen und unter welchen Bedingungen das Gelernte angewendet werden kann. Der neue Stoff wird durch dieses konzeptuelle Wissen in seiner Bedeutung sozusagen wieder relativiert: Das Gelernte ist nicht absolut und allgemein gültig, sondern nur in bestimmten Situationen hilfreich und relevant.

Was wir hier (in Anlehnung an Ausubel) ‚**Bedeutungsgehalt**'[27] nennen, beschränkt sich nicht auf kognitive Wissensbestände. Im ‚bedeutungsvollen' Lernen sind auch emotionale Motive, Wünsche und Wertungen mit enthalten. Nach Auffassung der humanistischen Psychologie (vgl. Rogers 1974) haben Menschen ein natürliches, wenn auch ambivalentes[28] Bestreben nach Selbstaktualisierung und Entwicklung. Lernen wird dann als positiv erlebt, wenn es die eigene Persönlichkeit durch die Integration neuer Wissenskonzepte stärken kann.[29]

Das Gefühl von Zufriedenheit und Befriedigung, ist – wenn die anfängliche Verwirrung verfliegt – selbst oft Motivation genug weiterzulernen. Die Dinge erhalten eine neue Gestalt, eine andere Perspektive, welche die Wahrnehmung und das Denken in Bezug auf diesen Gegenstand nachhaltig verändern. Ohne weiteres kann dann der ursprüngliche Zustand der Unwissenheit nicht mehr hergestellt werden.

Wenn Informationen nicht nur aufgenommen und repetiert, sondern in der beschriebenen Art und Weise mit Bedeutungen versehen, d.h. in ihren Begründungen und Wirkungszusammenhängen erfasst werden sollen, müssen dazu den Lerngegenständen solche komplexeren Bedeutungskonstellationen allerdings auch innewohnen.[30]

---

[27] „Sinnvolles Lernen involviert den Erwerb von Bedeutungen, und neue Bedeutungen sind umgekehrt das Produkt sinnvollen Lernens." (Ausubel 1974: 39)

[28] Lernprozesse bringen auch negative Konsequenzen mit sich, z.B. Misserfolge, den Verlust ehemals festgefügter Vorstellungen oder mühevolle Anstrengung. In der Regel gilt nach Rogers jedoch: „Die Befriedigungen jedoch, die mit der Entfaltung seines Potentials verbunden sind, wiegen die Beulen und blauen Flecken bei weitem auf." (Rogers 1974: 157).

[29] Ähnlich auch das Self-efficacy Konzept Banduras

[30] „Die ‚Tiefe' wie wir sie als Merkmal des wachsenden Gegenstandsaufschlusses im Lernprozess expliziert haben, ist nicht bloßes Kennzeichen meiner Verarbeitung des Materials, auch nicht der Einordnung in meine Wissensstrukturen, sondern primär ein Kennzeichen des (Lern)gegenstandes" (Holzkamp 1993: 222).

Schon bei der Wahl eines Lerngegenstandes sollte darauf geachtet werden, dass er Zugang zu komplexen Bedeutungsstrukturen bietet und aus mehreren Perspektiven betrachtet werden kann.

Die didaktische Struktur und der methodische Weg, auf dem der Lerngegenstand vermittelt wird, sollte ebenfalls bedeutungsvolles Lernen unterstützen und fördern. Eine lineare, apodiktische Vorstellung eines Sachverhaltes *(so ist es)*, scheint nur für wenige Lerngegenstände angemessen zu sein. Soll bedeutungsvoll gelernt werden, so spielen Begründungen und Erklärungen *(es ist so, weil...)* eine ebenso große Rolle wie die Darstellung von Verläufen *(so hätte es auch sein können...)* und Ursachen *(das führte dazu, dass es so ist...)*.

Mit dem etwas unglücklich gewählten Begriffspaar *„Flachheit"* versus *„Tiefe"* von Lernmaterialien bezeichnet Holzkamp (1993) die Bedeutungshaltigkeit des Lernmaterials und postuliert, diese sei vor allem davon abhängig, wie ergiebig die expliziten oder impliziten Verweisungen auf umfassendere Bedeutungszusammenhänge sind. Konkret entsteht die „Tiefe" eines Lerngegenstandes durch

- den Grad, in dem Gesetzmäßigkeiten durch einen bestimmten Lerngegenstand erschlossen werden können (Dimension *„Zufälligkeit – Gesetzmäßigkeit"*),

- die Differenziertheit und Komplexität des Gegenstandes (Dimension „Globalität – Differenziertheit") sowie die

- die Durchdringung von Zusammenhängen (Dimension *„Isoliertheit – Zusammenhang"*) und

- die Durchdringung von Prozessen (Dimension *„Fixiertheit – Prozesshaftigkeit"*) (vgl. Holzkamp 1993: 223).

Diese Komplexität des Lerngegenstandes, die von der Lernenden nur schrittweise wahrgenommen und erfasst werden kann, macht ein Lernen in qualitativen Sprüngen möglich, d.h. der Lernfortschritt hat nicht die Form einer kontinuierlichen Aneignung, sondern ist von Phasen mehr oder minder großen Unverständnisses, eines Bemühens um Einsicht geprägt, die von Momenten der „Aha"-Erlebnisse unterbrochen werden, durch welche höhere Ebenen des Verständnisses und der Erkenntnis erreicht werden (vgl. Holzkamp 1993: 239).
Nun ist jedoch Wissen, welches durch Selbst-Lernmaterialien transportiert werden soll, im Vergleich zu Unterricht in der Präsenzsituation, in der Regel stärker didaktisch verarbeitet. Die Herauslösung der Lehre aus einer Unterrichtssituation, in der die Interaktionspartner direkt präsent und beteiligt sind, macht eine „Lehrobjektivierung" (Dohmen 1970: 56) notwendig, bei der Lehrinhalte geplant

und fixiert werden, bevor der Lehr-/Lernprozess personenunabhängig vollzogen werden kann.

Diese Situation bringt Gefahren mit sich: Sie können an dem Informationsbedürfnis der Lernenden, aber auch am Stand des Vorwissens vorbei argumentieren, ohne eine angemessene Rückmeldung zu erhalten und ohne die Möglichkeit zu haben, flexibel auf Irritationen zu reagieren.

Dadurch, dass die Entwicklung von Selbst-Lernmaterialien häufig in Teamarbeit erfolgt, lässt sich die Auseinandersetzung zwischen Lehrenden und Lernenden teilweise durch entsprechende Diskussionen im Team der Lehrenden ersetzen. Doch diese Chance muss auf Seiten der Dozentinnen und Dozenten auch als solche begriffen werden. Machen Sie sich klar, dass jede Kritik an Ihrem Lehr-/Lernmaterial eine Kritik Ihrer Kundinnen und Kunden sein könnte! Dohmen jedenfalls forderte diesbezüglich schon 1970:

> „Der Einzelne muss dazu die Bereitschaft und die Fähigkeit mitbringen, die eigenen Erkenntnisse und Darstellungsweisen in einem kritischeren Gesprächsteam – wenn auch oft erst nachträglich – rational zu fundieren, formal schlüssig zu gliedern, didaktisch begründet zu strukturieren, um so das vorher oft nur unbewusst, ‚intuitiv' und meist viel zu breit, ungeordnet und redundant Entworfene intersubjektiv durchsichtig, nachprüfbar und vergleichbar zu machen." (Dohmen 1970: 58)

5.3.2
Handlungsschritte und Leitfragen

In sinnvoll strukturierten Lehr-/Lernprozessen gibt es durchaus Raum für den Austausch persönlicher Erfahrungen, für das soziale Erleben und das Experimentieren. Es gibt aber auch Raum für die schlichte und konzentrierte Übermittlung von Informationen, Regeln und Zusammenhängen. Darum geht es in diesem Abschnitt.

Das Ziel bei der Informationsvermittlung ist es, den bis jetzt aufgebauten Spannungsbogen nicht abbrechen zu lassen. Das in dieser Phase vermittelte Wissen sollte tatsächlich einen Beitrag zur Erreichung des anfangs geschilderten Nutzens des Lernprogrammes leisten. Und es sollte zu den unter dem Punkt „Anknüpfen" genannten Grundlagen in Beziehung stehen, will man nicht den Eindruck einer „Mogelpackung" provozieren.

Wenn der Spannungsbogen nicht abbrechen soll, dann müssen Sie die Lernenden an der Faszination, die der Lernstoff potenziell haben kann, teilhaben lassen. Dicht und interessant zu informieren heißt, die Bedeutung und den Sinn des Lernstoffes herauszuarbeiten sowie Entwicklungs- und Konfliktlinien nachzuzeichnen. In den seltensten Fällen existieren Informationen isoliert und als gegebene Tatbestände. Zu wissen, wie und auf der Grundlage welcher Überlegungen etwas entstanden ist, welche Interessen und Kräfte daran beteiligt sind und welche Konflikte darin verborgen sind, weckt Interesse und ermöglicht eine (innere) Auseinandersetzung mit dem Gegenstand.

Leitfragen

- Repräsentiert das konkrete Thema ein abstraktes Prinzip?

- Welche Konzepte sind in ihm vergegenständlicht? Lassen sich Gesetzmäßigkeiten mit seiner Hilfe erschließen?

- Wie komplex ist das Thema? Wie differenziert lässt sich diese Komplexität den Lernenden verdeutlichen?

- In welchem Zusammenhang steht das Thema mit anderen Themenfeldern?

- Sind innere oder äußere Widersprüche erkennbar, die als Anknüpfungsspunkte dienen können?

- Welche gesellschaftlichen oder technischen Ursachen bzw. Folgewirkungen sind erschließbar?

- Welche Entwicklungen zeichnen sich ab?

Um dicht und spannend zu informieren, dürfen Sie über den Stoff nicht nur berichten. Sie müssen die Lernenden packen (dort, wo Interesse offenkundig ist) und sie in eine noch unbekannte Region des Wissens führen. Eine solche Entführung geschieht zwar in der Regel freiwillig (schließlich sollen die Ihnen Anvertrauten sich, um im Bild zu bleiben, in der Gegend später selbst zurecht finden), doch Sie machen den Lernenden die Reise schmackhaft.

Sie tun dies möglichst nicht durch Tricks, lustige Grafiken oder Randbemerkungen, sondern aus dem Inhalt selbst heraus: Ihr Thema und Ihr Lehrstoff ist so interessant und spannend, dass er dekorativem Beiwerk nicht notwendig bedarf.

Sie wählen die Inhalte, über die Sie informieren wollen, präzise und reflektiert aus. Das heißt, Sie machen sich vorher mit der notwendigen Ernsthaftigkeit klar, welche Inhalte für die Erreichung der gesetzten Ziele tatsächlich von Bedeutung sind. Das klingt trivial, ist es aber – wenn Sie die Ihnen bekannten Lehrbücher zu beliebigen Themen anschauen – keineswegs. Nur allzu häufig wird nicht das gelehrt, was zur Erreichung eines Lehr-/Lernzieles notwendig und sinnvoll wäre, sondern das, was *„halt auch dazu gehört"*, was *„doch auch interessant ist"* oder was den Lehrenden sonst aus zeit-

und ressourcenökonomischen Gründen besonders gelegen erscheint. Eine strikte Selbstbegrenzung an dieser Stelle ist Voraussetzung für eine gute Qualität des Lehrens.

Die Frage lautet also: Welche Inhalte sind für die Erreichung des anfangs gesetzten Zieles wichtig? Oder zugespitzt auf den Nutzen für die Lernenden hin formuliert:

- Welche Inhalte würde ich vermitteln, wenn ich nur eine Stunde Zeit hätte? (Und zwei? Und zehn? etc.)

Die auf diese Weise ermittelten Lehrinhalte lassen sich in der Regel ordnen, z.B. nach Grundlagen- und Aufbauwissen, nach allgemeinen und besonderen Inhalten etc. Welche Struktur verfolgt wird, ist dabei von sekundärer Bedeutung und wird stark von den jeweiligen Inhalten und besonders auch dem methodischen Zugriff abhängig sein. Wichtig ist jedoch, dass eine klare Struktur überhaupt vorhanden und den Lernenden auch transparent ist. Klären Sie daher die Abfolge der Inhalte (z.B.: nach der chronologischen Ordnung, in Form von These und Antithese, begriffliche Klärungen > Regelwissen > kritische Auseinandersetzung o.ä.). Und machen Sie immer wieder deutlich, an welcher Stelle Sie sich im weiteren Verlauf gerade befinden.

Haben Sie – unter Umständen im Team – die Lehrinhalte ausgewählt, gebündelt, strukturiert und in eine Abfolge gebracht (sequenziert), so geht es in der Folge darum, sie angemessen aufzubereiten. Texte müssen geschrieben und formatiert, Grafiken gezeichnet, Filmsequenzen gedreht oder ihre Produktion zumindest organisiert werden.

Auf die technischen und designbezogenen Aspekte dieser Aufgabenbereiche möchten wir an dieser Stelle nicht weiter eingehen. Aus didaktisch-methodischer Sicht ist es vor allem wichtig, den Bezug zwischen Inhalt und Methode auch bei der Gestaltung des Lehrmaterials in den Mittelpunkt zu stellen. Ein fortlaufender Text ohne Abbildungen und Marginalien kann einem Thema, einem Lehrziel und einer Zielgruppe angemessen sein, indem er Inhalte mit der nötigen Ernsthaftigkeit konzentriert darstellt. Einem anderen Thema und einer anderen Absicht entspricht vielleicht eine spielerische, interaktiv angelegte Form der Vermittlung eher. Wieder andere Themen legen einen induktiven, experimentellen oder offenen Zugang nahe. In jedem Fall haben Hyperlinks, Grafiken, Randbemerkungen oder Comics keinen Wert an sich. Sie sollten streng nach dem Kriterium ihrer Funktion für das Ganze beurteilt werden, will man den Eindruck aufgesetzter Fröhlichkeit und Aktivität vermeiden. Fragen Sie stets danach, auf welche Weise ein Inhalt ansprechend, interessant und zielgruppengerecht dargeboten werden kann, wie Aufmerksamkeit zu wecken und aufrecht zu erhalten ist. Fragen Sie aber auch, welche spielerischen, dekorativen oder designbezogenen Elemente *tatsächlich* für das Verständnis des in Frage stehenden Problems hilfreich sind und wie sie sich aus dem Inneren des Zusammenhangs heraus entwickeln lassen.

Ein weiteres, ganz entscheidendes Kriterium für die Güte der Darstellung ist die Klarheit der Struktur. Gerade bei Selbst-Lernformen am Computer ist die Übersichtlichkeit der Gesamtstruktur von erheblicher Bedeutung dafür, dass Lernende nicht die Orientierung verlieren. Als hilfreich erweisen sich hier wenige, aber eindeutige Symbole, die bei Texten in Form von Marginalien, auf dem Bildschirm als feststehende Buttons angeordnet sein können. Sinnvoll ist es hier, sich auf wirklich wenige Symbole zu verständigen, die dann über verschiedene Lehreinheiten und Module hinweg verwendet werden können – ein Vorgehen, das nicht nur Lernenden einen Wiedererkennungseffekt und damit eine rasche Orientierung ermöglicht, sondern auch zur Bildung eines einheitlichen Designs und damit einer definierten Corporate Identity des Gesamtrahmens beiträgt.

Die Ästhetik des Designs ist ebenfalls ein wichtiges Qualitätsmerkmal von Lehr-/Lernmaterialien. Pädagoginnen und Pädagogen tendieren manchmal dazu, ein – häufig mit erheblichen Kosten verbundenes – professionelles und gutes Design zu vernachlässigen. Nun ist Design nicht alles und eine ansprechend aufbereitete Hülle ohne substanzielle Inhalte sicherlich nicht erstrebenswert. Sie sollten sich jedoch vor Augen halten, dass Sie auch dann, wenn Sie an Universitäten oder Schulen beschäftigt sind, in der Situation des Selbst-Lernens mit professionellen Mediengestaltern konkurrieren, die die Seh- und Wahrnehmungsgewohnheiten der Lernenden bereits in erheblichem Maße geprägt haben. Ein handgemachtes, unprofessionelles Design fällt gegen jedes kommerzielle Produkt so stark ab, dass die Akzeptanz fühlbar leiden wird.

Aus zeit- und ressourcenökonomischen Gründen wird es nicht jeder Produzentin und jedem Produzenten von Lehrmaterialien möglich sein, eine professionelle Oberfläche zu kreieren. Wir halten es in vielen Fällen für angemessen und sinnvoll, professionelle Gestaltungsbüros mit dieser Aufgabe zu betrauen. Sparen Sie lieben an aufwändigen Effekten und Aufmerksamkeitshaschern als an einem klaren, übersichtlichen und ansprechenden Grunddesign! Die Ästhetik und Stimmigkeit der Gestaltung ist langfristig entscheidender für die sinnliche Qualität eines Produktes als Überraschungseffekte und die Ausschöpfung aller vorhandener Möglichkeiten.

Denn auch an diesem Punkt, also der Frage nach dem Einsatz technischer Möglichkeiten gilt das Prinzip der Stimmigkeit von

Inhalt, Methode und Zielgruppenorientierung. Ein aufwändig gestalteter Chatroom, der von den Lernenden nicht genutzt wird, ein lustiges Spiel an einer Stelle, wo die Vermittlung harter Informationen ansteht, ein Sammelsurium unterschiedlicher Musik-, Farb- und Schrifttypen entwertet ein Lehrmaterial, indem es seine Ernsthaftigkeit und Professionalität in Frage stellt.

Fragen Sie stets, welchem inhaltlichen Zweck ein technisches Medium dient, in welche Beziehung es zu den vermittelten Inhalten gesetzt werden kann und ob es den Interessen und Möglichkeiten der Zielgruppe entspricht.

Das wichtigste Medium zur Vermittlung von Lernstoff ist die Sprache. Eine weit verbreitete Empfehlung lautet, man solle sich beim Unterrichten an der Sprache der Zielgruppe orientieren, um verstanden und akzeptiert zu werden. Das ist sicherlich richtig. Ein Sprachcode *über die Köpfe* der Zuhörenden oder Lesenden *hinweg* erschwert Kommunikation nicht nur, sondern macht sie oft genug unmöglich. Die Lernenden werden unnötig frustriert und bleiben mit dem Gefühl zurück, nichts zu verstehen und gleichzeitig selbst unverstanden zu bleiben.

Doch gleichzeitig kann und soll sich Sprache nicht ausschließlich daran orientieren, wie in der Zielgruppe gesprochen wird. Mindestens zwei weitere Kriterien sollten erfüllt sein: Erstens sollte die Sprache dem Inhalt gemäß sein. Ein Teil der Leistung beim Lernen besteht darin, Fachsprache zu erlernen. Dies schließt einerseits bestimmte Fachbegriffe ein, die es zu verstehen, zu behalten und adäquat zu verwenden gilt.

Gleichzeitig geht es aber in vielen Lernbereichen auch darum, in die innere Logik eines Sachgegenstandes einzudringen, sich „die Denke", die mit einem Wissensgebiet verbunden ist, zu Eigen zu machen. Ingenieurinnen denken anders als Geisteswissenschaftler, der Maurer verwendet eine andere Sprache als die Architektin. Die sachgemäße Art zu Denken und Probleme zu lösen wird über Sprache vermittelt und zwar nicht nur über korrekte Begrifflichkeiten, sondern auch über eine bestimmte (auch informelle) Art und Weise mit sich, den Kolleginnen und Kollegen, Kunden und Kundinnen und ganz allgemein: mit Problemen umzugehen.

Und Sprache vermittelt auf einer informellen, emotionalen Ebene auch eine bestimmte Haltung und Einstellung. Ob Sie einen Arbeitsabschnitt damit beginnen, dass Sie Ihren Kollegen ein aufmunterndes *„Na, dann wolln wir mal wieder. Auf geht's!"* zurufen oder mit einem gesetzten *„freue mich sehr, Sie alle hier wieder begrüßen zu dürfen und eröffne hiermit die heutige Sitzung"* ist keineswegs gleichgültig. Ob Probleme ungefähr oder präzise lösen, ob Sie Kundenkontakte burschikos oder höflich gestalten – alle diese unterschiedlichen Herangehensweisen an Arbeits- und Lebenssituationen drücken sich über Sprache aus und transportieren dabei Botschaften, die ebenfalls Lerninhalt ihres Selbst-Lernmaterials sein könnten. Formulieren Sie also nicht nur munter und allgemein verständlich, sondern auch sachgemäß und präzise.

Und drittens sollte Ihnen die Sprache, die Sie verwenden, selbst auch liegen. Nichts ist peinlicher als der Versuch, sich einer Jugendsprache zu bedienen, die einem nicht wirklich geläufig ist oder Fremdwörter halb richtig zu verwenden. Eine authentische Sprache ist in jedem Falle die beste und glaubwürdigste!

Zusammenfassend: Wenn Sie Informationen, Fakten und Regeln vermitteln, dann können Sie sich an den folgenden Leitfragen orientieren, um Ihre Darstellung besonders lernhaltig zu gestalten:

Leitfragen

- In welchem Zusammenhang steht der Inhalt zu den anfangs gesetzten Zielen bzw. dem Nutzen, den ich den Lernenden versprochen habe?

- Welche Inhalte würden sie vermitteln, wenn Sie nur eine Stunde Zeit hätte?

- Für welches abstrakte Prinzip steht das konkrete Thema?

- Welche tieferliegenden Bedeutungsebenen lassen sich anhand des Themas entschlüsseln?

- Welche gesellschaftlichen oder technischen Ursachen bzw. Folgewirkungen lassen sich aus dem Inhalt erschließen?

- Auf welche Weise können Lernende sich die Inhalte zutreffend, deutlich und interessant erschließen? Welche Darstellungs- und Zugangsformen entsprechen dem Thema, der Methode und der Zielgruppe?

- Wie ansprechend und klar ist die Darstellung des Themas?

- Ist die Sprache, in der Sie formulieren, der Zielgruppe, dem Thema und Ihnen selbst gemäß?

- Welche technischen Möglichkeiten sind für eine effiziente und nachhaltige Vermittlung des Lernstoffes wirklich hilfreich?

5.4
Handeln ermöglichen

5.4.1
Die Aufgabe

Es kann heute als gesichert gelten, dass effizientes und nachhaltiges Lernen am ehesten dann stattfinden kann, wenn die Lernenden Informationen nicht nur hören oder lesen und dann gedanklich verarbeiten, sondern wenn sie ihre Gültigkeit in Handlungssituationen erfahren. Dabei ist es nur an zweiter Stelle wichtig, ob die Handlung als Anwendung bereits vermittelter Informationen erfolgt oder ob das Handeln der theoretischen Unterrichtung im Sinne induktiven Lernens vorausgeht bzw. sie sogar in bestimmten Fällen ersetzt.

In jedem Fall geht es darum, die Spannung zwischen Erfahren und Erkennen für Lernprozesse produktiv zu machen. In der Konfrontation von Regeln mit Praxis, von Erklärungen und Erleben, ergibt sich die Möglichkeit jenes Aha-Effektes, der qualitative Sprünge im Lernen bewirkt (vgl. Kapitel 3.3).

In Handlungssituationen aktivieren Lernende die bislang erworbenen Kenntnisse und Fähigkeiten. Um die Wirkung einzelner Handlungsalternativen abschätzen zu können, müssen sie Hypothesen bezüglich des Handlungserfolges generieren. Diese Hypothesen enthalten vorläufige Annahmen über Wirkungszusammenhänge. Werden sie im weiteren Verlauf der Handlung bestätigt oder widerlegt, dann kann daraus gelernt werden. Missverständnisse oder fehlerhaftes Vorgehen zeitigen direkte und sachlich begründete Konsequenzen. Eine solche unmittelbar erfahrbare Konsequenz des Handeln erweist sich als sehr viel lernwirksamer, wenn sie nicht als Beurteilung, sondern als sachgebundenes Handlungsergebnis erlebt wird. Etwas funktioniert nicht, wie es soll, und zwar nicht deswegen, weil eine Person (z.B. der oder die Lehrende) ein Urteil fällt, sondern weil sich real und aus dem Zusammenhang des Handelns heraus nicht das gewünschte Ergebnis einstellt. Lehrende sind dann nicht mehr auf die Rolle des Kontrolleurs und Prüfers festgelegt, sondern können Lernende darin unterstützen, sachgemäß vorzugehen, um ein gemeinsames Ziel zu erreichen.

Unabhängig von der Art der Lernaktivität benötigen Lernende zur rationalen Steuerung und Reflexion ihres Tuns:

- angemessene **Handlungsspielräume,**

- effiziente und stabile **Instrumente** und Verfahren sowie das Wissen, wie diese einzusetzen sind. Damit ist nicht gemeint, dass Lernende in jedem Augenblick eine Anweisung für das weitere Vorgehen zur Verfügung haben sollten. Momente der Unsicherheit und des Suchens sind zur Aktivierung des selbstständigen Denkens und Problemlösens von entscheidender Bedeutung. Wohl aber sollten die Werkzeuge des Handelns (die Software, die Methode) bekannt und funktionsfähig sein.

■ die Möglichkeit der **Wiederholung**/Einübung. Zur Internalisierung und sinnvollen Integration komplexer Wissensbereiche ist Zeit und Wiederholung notwendig. Die Wiederholung sollte, um eine möglichst vielfältige Anbindung an vorhandene kognitive Strukturen zu ermöglichen, aus unterschiedlichen Perspektiven und Kontexten heraus erfolgen.

Entscheidend für das Gelingen praxisrelevanten Lernens ist es, handelnd (auch: gedanklich handelnd) zu erleben, wie abstrakte Zusammenhänge mit erfahrbarer Praxis zusammenhängen, auf welche Weise Interventionen wirksam werden, welche gesellschaftliche Praxis von theoretischen Reflexionen angesprochen ist. Für den Grad der inneren Beteiligung am Geschehen ist dabei häufig ausschlaggebend, wie aktiv oder passiv Lernende die Konfrontation mit der Praxis erleben. Ein am Lehrertisch vorgeführtes Experiment, Lehrfilme oder Gruppenexkursionen erhöhen zwar den Grad an Anschaulichkeit, können aber die eigene Auseinandersetzung mit einem Lerngegenstand nicht ersetzen. Lerneffekte treten nämlich dann in besonderem Maße auf, wenn der Ausgang der Handlung als offen und abhängig vom eigenen Tun erlebt wird.

Entwickler bzw. Entwicklerinnen von Selbst- Lernmaterialien haben es an dieser Stelle freilich besonders schwer. Sie bewegen sich zwischen zwei widersprüchlichen Anforderungen: Auf der einen Seite sind sie genötigt, möglichst sorgfältig erarbeitete und getestete Lehrverfahren anzubieten, so dass der Lernstoff ohne weiter gehende Unterstützung bewältigt werden kann und dabei möglichst wenig Missverständnisse auftauchen. Gleichzeitig aber sollen sie den Lernenden Gelegenheit zu *„forschend-prüfendem Studieren und zum selbstständigen Problemlösen"* (Dohmen 1970: 66) geben. Lernende sollen nicht alle Lerninhalte vorgefertigt serviert bekommen, sondern eigenständig Problemlösungen entwickeln und testen. Doch bei einem solchen eher experimentellen Vorgehen entwickeln Lernende immer wieder (und zwar durchaus intentional) unorthodoxe oder schlichtweg verkehrte Problemlösungen. Aus diesen selbst verursachten Umwegen und Hindernissen soll nun gelernt werden – doch wie, wenn sich doch die Lehrenden fern vom Lerngeschehen aufhalten und die gescheiterten Handlungsversuche der

Lernenden gar nicht verfolgen, geschweige denn korrigieren können?

Aus diesem offensichtlichen Dilemma die Konsequenz zu ziehen, handlungsorientiertes Lernen sei hier nicht möglich, wäre sicherlich die schlechteste Lösung. Die Lernenden werden ihre frisch erworbenen Kenntnisse – soll das Gelernte überhaupt wirksam werden – ja ohnehin umsetzen und anwenden. Geschieht dies allerdings erst außerhalb der Lehr- Lernsituation, dann bestehen auch keine Möglichkeiten mehr zu Rückfragen, Fehlversuchen und Korrekturen oder zur Reflexion gemachter Erfahrungen. Das Risiko durch eine solche Trennung der Erkenntnis von der Erfahrung träges Wissen zu produzieren oder aber halb richtige Lösungswege bis hin zu verhängnisvollen Irrtümern zu provozieren, ist sehr hoch. Handlungsspielräume, die ein eigenes Ausprobieren, Anwenden und Üben des Lernstoffes erlauben, sind aus dieser Sicht ebenso unerlässlich wie eine systematisierte und strukturierte Vermittlung von Lernstoff.

5.4.2
Handlungsschritte und Leitfragen

Über welche Möglichkeit verfügen Sie also, um handelndes Lernen in Selbst-Lernkonzepte einzubinden und systematisch zu begleiten? Im wesentlichen lassen sich zwei unterschiedliche Vorgehensweisen unterscheiden:

Sie können das Handlungslernen aus dem Lehr-/Lernmaterial gewissermaßen auslagern, indem Sie z.B. Präsenzworkshops anbieten oder die Möglichkeit offerieren, im Direktkontakt (z.B. in Form von Chats oder Präsenzgesprächen) gemachte Erfahrungen aufzuarbeiten. Vorstellbar ist eine solche Lösung z.B. bei Lehr-/Lernprogrammen, die im Rahmen der betrieblichen Weiterbildung eine Selbst-Lernphase mit Praxisphasen, anschließendem Coaching bzw. einer Supervision verbinden. Für solche Veranstaltungen bieten sich z.B. Planspiele, Projekte oder Werkstattunterricht an.[31]

Eine andere Möglichkeit ist die Integration von Handlungsaufgaben in das Lernmaterial selbst. Bei Print-Medien können Sie Übungsaufgaben unterschiedlichster Art stellen, die entweder im Lehrbrief selbst beantwortet oder als Einsendeaufgabe einer Betreuergruppe zur Korrektur vorgelegt werden. Vorstellbar sind in diesem Zusammenhang auch weit gesteckte Aufgaben, die dazu anregen, das Gelernte mit der beruflichen Praxis zu verknüpfen bzw. einen solchen Versuch

---

[31] Wir verweisen in diesem Zusammenhang auf einschlägige Literatur zum Handlungsorientierten Unterricht, wie etwa Balin/Brater 1996; Bonz 1999 oder Ott 1995.

zu dokumentieren (z.B. *„Setzen Sie die hier gelernten Prinzipien in Ihrer Abteilung so weit wie möglich um und berichten Sie über Schwierigkeiten und Erfolge."*)

Die multimediale Gestaltung von Lehr-/Lernmaterial eröffnet ein sehr viel weiteres Spektrum von Lernaktivitäten, als dies im Printbereich vorstellbar ist. Denkbar sind hier Angebote, die von Trainingsprogrammen (*drill and practice*) bis hin zu Simulationen und Umgang mit Expertensystemen reichen können..[32]

Aus pädagogischer Sicht lassen sich Lernaktivitäten grundsätzlich auf einem Kontinuum von sehr geschlossenen, eng geführten Aufgaben (z.B. Übungsaufgaben, Vokabeltraining) bis hin zu sehr komplexen, offen formulierten Handlungsaufforderungen und -projekten anordnen. Bei der Bearbeitung einer *Aufgabe* verfügt das Individuum über Regelwissen bzw. eine kognitive Struktur zur Erreichung von Lösungen. Der Lerneffekt besteht in diesem Fall besonders darin, das Erlernte in passenden Anwendungssituationen abzurufen und zu üben. Bei der Bearbeitung von Problemen ist zunächst nicht vorgegeben, mit Hilfe welcher Wissensbestände sie bearbeitet werden sollen, so dass auf offenere heuristische Verfahren zurückgegriffen werden muss (Edelmann 1993: 329). Im letzteren Fall müssen Lernende zu ihrer Bearbeitung auf Wege der Problemlösung, wie z.B. Versuch und Irrtum, Umstrukturieren, Anwendung von Strategien oder Kreativität zurückgreifen.

Entscheidendes Auswahlprinzip sollte auch an dieser Stelle die Stimmigkeit von Methode, Inhalt und Lehr-/Lernarrangement bilden. Um Vokabeln zu üben kann für viele Zielgruppen ein Trainingsprogramm im Sinne von *drill and practice* angemessen sein. Sollen dagegen soziale Kompetenzen von Führungskräften entwickelt werden, scheint dieses Instrument fehl am Platze. Machen Sie also möglichst die Einbindung von Lernaktivitäten nicht von den technischen Möglichkeiten abhängig, über die Sie verfügen, sondern setzen Sie diese gezielt und sparsam ein. Klarheit der Struktur und ein professionelles Design sind in vielen Fällen zielführender als aufwändiger Schnick-Schnack.

Wählen Sie solche Handlungsmöglichkeiten, die dem Lehrinhalt, den von Ihnen gesetzten Lernzielen und den Gegebenheiten des Lehr-/Lernarrangements in besonderer Weise gerecht werden.

---

[32] Wir werden hier nicht weiter auf die technischen Aspekte der unterschiedlichen Formen computergestützter Lernaktivitäten im Einzelnen eingehen Verwiesen sei in diesem Zusammenhang auf Publikationen z.B. von Schulmeister 1997, Euler 1993, Klimsa 1993 und 1995).

■ Was möchten Sie mit dem Einsatz einer bestimmten Methode erreichen? Welche deklarativen Wissensbestandteile möchten Sie transportieren?

■ Welche Methoden und Verfahren sollen erlernt bzw. eingeübt werden?

■ Werden diese Methoden dem Thema, dem organisatorischen Rahmen des Selbst-Lernprogrammes, der Zielgruppe und Ihnen selbst gerecht?

■ Welche technischen und finanziellen Möglichkeiten stehen Ihnen zur Verfügung? Lassen sich die von Ihnen anvisierten Lernaktivitäten voraussichtlich mit ihnen verwirklichen?

Einige grundlegende Formen der unmittelbaren Einbindung von Lernaktivitäten in Selbst-Lernprozesse, nämlich die Leittextme-thode, die Simulation und die Fallstudie, seien an dieser Stelle etwas ausführlicher vorgestellt.

Leittextmethode

Die Leittextmethode hat ihren Ursprung in der betrieblichen Berufs-ausbildung im Rahmen von Lehrwerkstätten. Sie wurde zuerst bei Daimler Benz in Gaggenau[33] entwickelt, später aber auch bei Peine Salzgitter[34], Siemens[35] und Hoesch eingesetzt. Mit ihrer Hilfe werden Auszubildende bei der selbstständigen Bearbeitung von Hand-lungsaufträgen angeleitet. Durch die gemeinsame Suche nach Lö-sungswegen, die gedankliche Vorwegnahme der vollständigen Handlung und das Ausprobieren und Diskutieren in der Gruppe erwerben sie sowohl soziale als auch methodische Kompetenzen. Als eine der wichtigsten Errungenschaften der Leittextmethode gilt der Erwerb von Selbstständigkeit im Aneignen und der Umsetzung aufgabenbezogener Qualifikationen.

Leittexte bestehen einerseits aus der Beschreibung eines schritt-weise zu bearbeitenden Handlungsproblems und andererseits aus

---

[33] Vgl. Fischer H..P et al. (1982): Projektorientierte Fachbildung im Berufsfeld Metall.

[34] Vgl. Koch, J. et al. (1983): Das Lehr-/Lernsystem Hobbymaschine. Modellversuche zur berufli-chen Bildung, Heft 15, Berlin.

[35] Modell PETRA (Projekt- und Transferorientierte Ausbildung) der Siemens AG oder die Leittex-te für unterschiedliche Auftragstypen der Hoesch Stahl AG

einem teilweise recht umfangreichen Kompendium mit Hintergrundinformationen, Formeln, methodischen Hinweisen oder ähnlichem. Der vollständige Handlungsablauf einer Lern- und Arbeitsaufgabe wird in die sechs aufeinander folgende Phasen informieren, planen, entscheiden, ausführen, kontrollieren und bewerten gegliedert.

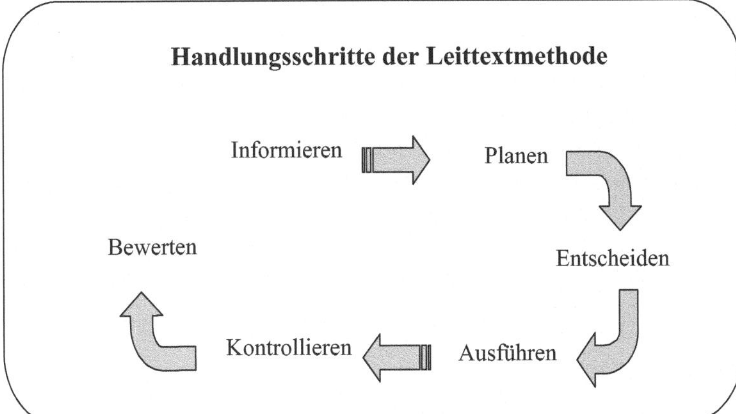

Abbildung 11: Handlungsschritte der Leittextmethode

Die Lernenden werden zunächst auf schriftlichem Wege über den allgemeinen Auftragstypus informiert (was soll getan werden? Was muss man wissen?) und ziehen dazu entsprechende Lernmaterialien zu Rate. Die Leitfragen vermitteln einen Überblick über die Handlungsaufgabe. Zugleich erhalten die Lernenden Informationen über die angestrebten Lernziele und den Arbeitsauftrag. In einer zweiten Phase sollen die Lernenden den konkreten Arbeitsgang planen (wie geht man vor?) und erhalten dazu Hilfen in Bezug auf die Vorgehensweise (z.B. Zeichnung lesen, Material- und Kostenkalkulation aufstellen, Bestell-Liste anfertigen). Der Leittext hält hier z.B. Checklisten oder Rückfragen zum Kenntnisstand der Lernenden sowie Hinweise mögliche Informationsquellen bereit.

Im nächsten Schritt treffen die Lernenden eine Entscheidung darüber, auf welche Weise sie das Problem bearbeiten möchten. Sie entscheiden sich in der Arbeitsgruppe für einen bestimmten Weg der Aufgabenbewältigung und führen die Arbeit entlang vorgegebener Leitfragen zum Fertigungsweg, Arbeitsorganisation, Betriebsmittelnutzung etc. durch. Unter Umständen ist an dieser Stelle Rücksprache mit Lehrenden erforderlich oder hilfreich. Auch die Kontrolle ihrer Arbeit führen die Lernenden selbst durch, indem sie ein Protokoll anfertigen und Kontrollbögen ausfüllen. Die Bewertung der Arbeit findet dann in einem Fachgespräch mit dem Ausbilder statt.

Die Leittexte bieten auch für diese Phase Kontroll- und Bewertungs-
kriterien z.B. in Form eines Kontrollbogens an.

Für das handlungsorientierte Lernen in Selbst-Lernprozessen
scheinen uns Leittexte deswegen besonders geeignet zu sein, weil
sie eine angemessene Balance zwischen Anleitung und Informati-
onsangebot einerseits und Selbstständigkeit der Lernenden andererseits offerieren. Leittexte bieten ein relativ engmaschiges Netz an
Kontrollfragen, zusätzlicher Information, Nachschlagemöglichkeiten
und Bewertung als Möglichkeit an.

In Selbst-Lernprogrammen können Leittexte beispielsweise aus
Materialsammlungen bestehen, die Lernende bei der Bearbeitung
komplexer (Einsende-)Aufgaben benutzen können. Dabei kann das
Wissen, das zur Lösung dieser Handlungsaufgabe notwendig ist,
auch umfangreicher sein als die bislang vermittelten Kenntnisse und
Fertigkeiten. In diesem Fall dient die Materialsammlung und der
Leittext nicht nur zur Umsetzung und Anwendung bekannten Wis-
sens, sondern auch als Lernquelle.

Praxisbeispiel

Wie in oben beschrieben, bietet es sich bei der Leittextmethode an, über einen
authentischen Fall einzusteigen, z.B.

Handlungsaufgabe/Authentischer Fall:
Videodarstellung als Einleitung (mit Sprecher):
Sie sind kaufmännischer Mitarbeiter eines mittelständischen Betriebes, der plant
langfristige Geschäftsbeziehungen mit einem britischen Lieferanten, der Firma
Smith & Kline aus Manchester aufzunehmen. Ihre Aufgabe ist es, einen Kaufvertrag und die allgemeinen Geschäftsbedingungen in der Fremdsprache zu
kontrollieren und an entscheidenden Stellen zu verändern.

Multimediales Kompendium:
- Das vorliegende Angebot der Firma Smith & Kline einschl. aller vertrag-
  lichen Bedingungen (AGB)
- Vorgaben Ihres Unternehmens hinsichtlich Qualität, Lieferbedingungen
  (insbes. Liefertermin) und Preisrahmen.
- Beschreibung des eigenen Unternehmens (Produkte, Märkte, Lieferan-
  ten...), Broschüren...
- Produktbeschreibung des einzukaufenden Produkts
- Vorlagen und Muster von internationalen Verträgen in der Fremdsprache
- Vorlagen und Muster von Kaufverträgen und den allgemeinen Geschäfts-
  bedingungen des eigenen Unternehmens in Deutsch
- Fachwörterbuch Deutsch-Englisch, Englisch-Deutsch
- Texte und Artikel über internationales Vertragsrecht

Leitfragen:
Die Leitfragen sind so strukturiert, dass sie die notwendigen Handlungsschritte
vorgeben, z.B.

- Lesen Sie die Texte zum internationalen Vertragsrecht und fertigen Sie eine Liste der Kriterien an, die für das deutsche Unternehmen beim Abschluss eines internationalen Kaufvertrages zu beachten sind.
- Vergleichen Sie die Lieferbedingungen mit Ihren Vorgaben
- Passt das Angebot in der Fremdwährung in den vorgegebenen Preisrahmen? (Achten Sie auch auf die Lieferbedingungen)
- Überprüfen Sie das vorliegende Angebot der Firma Smith & Kline hinsichtlich der von Ihnen ermittelten Kriterien
- Fertigen Sie eine Übersicht für die Geschäftsleitung an, mit einer Beurteilung des Angebots und Empfehlungen für abzuändernde Konditionen und Vertragsbestandteile.
- Eintragung in ein Formularfeld im Programm, wenn möglich, Diskussion mit Tutoren und anderen Teilnehmern

Von den Lernenden wird dabei ein hohes Maß an Selbst-Lernkompetenz und Eigeninitiative erwartet. Auftretende Schwierigkeiten sollten deshalb am besten mit einem Tutor besprochen werden können. Lösungsvorschläge und Arbeitsergebnisse sollten in der Gruppe zu diskutiert werden.

Praxishinweise

Bei der Entwicklung von Leittexten sollten Sie folgenden Schritten folgen:

- Auswahl geeigneter Inhalte und Aufgaben für einen Leittext: Welche in sich geschlossene (Teil-)Aufgabe ist exemplarisch für das Gesamtziel der Lerneinheit? An dieser Stelle ist die im Kapitel 4.3 beschriebene Analyse des Handlungsfeldes hilfreich.

- Welche Kenntnisse und Fähigkeiten der Lernenden sind zur Bearbeitung dieser Aufgabe notwendig? Welche können vorausgesetzt werden? Wo besteht zusätzlicher Informationsbedarf? Auch an dieser Stelle können Sie auf die in Kapitel 4 beschriebene Analysearbeit zurückgreifen.

- Formulierung der Arbeitsaufgabe

- Formulierung der Leitfragen anhand der Schritte: *Informieren, Planen, Entscheiden, Ausführen, Kontrollieren* und *Bewerten.* Woran sollen die Lernenden denken? Welchen Arbeitsschritten sollen sie folgen? Welche Arbeitsmittel, Kenntnisse etc. benötigen sie?

- Welchen Zeitraum veranschlagen Sie für die Bearbeitung der Leitfragen?

- Bereitstellung der notwendigen Formeln, Handlungshinweise, Informationen etc.

- Anschließend sollten Sie die erstellten Leittexte durch Kolleginnen und Kollegen auf Verständlichkeit und Durchführbarkeit prü-

fen lassen. Auch ein Probelauf mit einigen Lernenden ist angemessen.

Simulation

Simulationen bilden komplexe Situationen und Prozesse in einem
wirklichkeitsnahen Modell ab. Sie können z.B. die Form von Rol-
lenspielen, Computersimulationen oder einer Imitation betrieblicher
Praxis in so genannten Lernbüros annehmen. Lernen mit Simulationen lässt dann (sonst möglicherweise gefährliche oder kostspielige)
Fehlversuche zu.

Simulationen geben vor, Realität (auf mehr oder minder ge-
glückter Art und Weise) abzubilden. Tatsächlich beruhen sie freilich
auf einer fiktiven Wirklichkeit, einem Modell der Realität, das auf
der Grundlage bestimmter Prioritätensetzungen, Prinzipien oder
Modellannahmen konstruiert wurde. Diese Vereinfachung erhöht die
Transparenz der dahinterliegenden Prinzipien und Funktionsmecha-
nismen, wird aber durch eine Reduktion von Komplexität erkauft,
die ihrerseits den Lernenden u.U. eine Übertragung des Gelernten in
die (immer noch komplexe) Realität erschwert. Grundsätzlich lässt
sich beinahe jede technische oder soziale Situation durch Simulationen abbilden. Doch in Selbst-Lernsituationen sind die Möglichkeiten
des Einsatzes eingeschränkt.

So lassen sich hier soziale Situationen meist nur unvollständig
simulieren. Theoretisch sind auf Distanz angelegte Rollenspiele oder
Simulationen von Geschäftsprozessen, die dann über das Internet ab-
gewickelt werden können, zwar vorstellbar. In der Regel werden die
Lernenden solche Kommunikationsformen aber als eher künstlich
und aufgesetzt erleben.

Dagegen bietet im Bereich der technischen Simulationen das
Lernen am Computer ein breites Spektrum an Lern- und Handlungsoptionen. Wenn das Steuern von Passagierflugzeugen, Interventionen in Atomkraftwerken oder die Schnittführung bei Hirnoperatio-
nen zu Beginn des Lernprozesses am Bildschirm stattfinden kann, so
sind die Vorteile für die Sicherheit, Finanzierbarkeit und Lernförderlichkeit offensichtlich.

Simulationen können auch zur Visualisierung von abstrakten Gesetzmäßigkeiten oder Prinzipien eingesetzt werden, wenn sie etwa
das Funktionieren eines Otto-Motors in schematischer Form darstellen oder mathematische Formeln visualisieren. Oder sie laden
zum experimentellen Umgang mit Elementen, Tonfolgen, Baustei-
nen o.ä. ein.

Solche komplexen Simulationen sind technisch ausgesprochen
aufwändig und ihre Programmierung noch immer mit einem sehr

   5 Selbst-Lernmaterialien gestalten

hohen Zeit- und Ressourcenaufwand verbunden. Bezieht man zusätzlich die durch den gestiegenen Medienkonsum sehr hoch gewordenen Erwartungen der Lernenden an die optische und akustische Qualität des Designs in die Überlegungen mit ein, dann wird man zu dem Ergebnis kommen, dass die Entwicklung von komplexen, interaktiven und realitätsnahen Simulationen in den meisten Fällen durch kommerzielle Institutionen geschehen muss.

Die pädagogische Aufgabe besteht dann darin, die Simulation zu planen und Eckwerte zu ihrer Realisierung festzulegen. Zu beachten sind dabei vor allem a) die präzise Benennung des angestrebten Lehr-/Lernzieles, b) der Grad der Abstraktion bzw. der Realitätsnähe der Simulation und c) der Grad der ermöglichten Eigenaktivität der Lernenden.

Zu a): Wenn präzise definiert ist, zu welchem didaktischen Zweck eine Simulation dienen soll, können die weiteren Entscheidungen zur Gestaltung und zum Einsatz der Simulation stimmig getroffen werden. Zielbestimmungen bilden die notwendige Ausgangsbasis für alle weiteren didaktisch-methodischen Entscheidungen.

Zu b): Simulationen können schematisch Wirkungen und Elemente darstellen, sie können aber auch über Bild- oder Tonsequenzen bis hin zu 3-D-Darstellungen den Eindruck größerer Realitätsnähe vermitteln. Wie stark die Darstellung vereinfacht werden soll, hängt unter anderem von den finanziellen und technischen Möglichkeiten ab. Doch dieses Kriterium sollte möglichst nicht das Ausschlaggebende sein. Zwar werden „nach oben hin" die finanziellen Grenzen die Möglichkeiten der Simulierung unter Umständen beschneiden, doch muss auf der anderen Seite das Machbare nicht immer das Sinnvolle sein. Wichtig ist die Frage nach der pädagogischen Absicht, die mit der Visualisierung verbunden ist.

Je weiter sich die Simulation in Gestalt und Funktionsweise von der Realität entfernt, umso transparenter lassen sich die modellhaft heraus gehobenen, abstrakten Funktionsprinzipien nachvollziehen. Gleichzeitig erschwert jedoch die zunehmende Vereinfachung und Abstraktion des Abbildes den Transfer des Erlernten in die Realität. Sie müssen also die Vor- und Nachteile der Klarheit durch Vereinfachung gegenüber denen des vereinfachten Transfer abwägen – eine Entscheidung, die umso leichter fällt, je präziser die Ziele der Simulation herausgearbeitet wurden.

Zu c): Manche Simulationen lassen Aktivitäten der Lernenden zu bzw. fordern sie ein. Der Grad, in dem aktive Interventionen der Lernenden möglich sind, variiert freilich stark: Bei manchen Simulationen beschränkt er sich auf die Möglichkeit, bewegte Bilder in Gang zu setzen, andere erlauben begrenzte Problemlösungen in dafür vorgesehenen Bereichen (z.B. im Fahrsimulator vor eine Wand zu fahren oder bei der Veranschaulichung mathematischer Formeln die Ausgangswerte zu verändern). Und schließlich gibt es bei aufwändigeren Simulationen auch die Möglichkeit des ‚freien' Navigierens etwa durch eine 3D-Darstellung bestimmter Gebäude oder – jedenfalls als Vision – durch Kommunikation mit Avataren.

Letztlich handelt es sich auch hier nicht um scharf trennbare Gegensätze, sondern eher um unterschiedliche Punkte auf einem Kontinuum: Auch die noch so freie Aktivität der Lernenden am Bildschirm ist – soll das Programm funktionieren – letztlich eine von Programmierern vorgedachte. Eine tatsächlich kreative und offene Kommunikation zwischen Mensch und Maschine wird jedenfalls unserer Einschätzung nach bis auf weiteres Illusion bleiben.

Auch bei der Frage, wie groß der Handlungsspielraum der Lernenden in der Simulation sein soll, gilt der Grundsatz der Kongruenz von Methode, Inhalt und Lehr-/Lernarrangement. Zwar ist handelndes Lernen grundsätzlich motivierender, nachhaltig wirksamer und dem Verständnis förderlicher als die reine Rezeption von Wissen. Doch Aktivitäten, die in keinem erkennbaren Zusammenhang mit dem Ziel des Lernens stehen, fördern die Erreichung dieses Zieles dann auch nicht. Wenn also ein besonders aufwändig designter Knopf die Simulation nur in Gang setzt, dann lernen Benutzer nichts bei dieser Aktivität – außer eben, auf welche Weise die Simulation in Gang gesetzt werden kann.

Leitfragen

- Welche Handlung/Situation/modellhafte Darstellung soll simuliert werden, um den Lerngegenstand deutlich zu machen?

- Mit welcher Absicht ist die Simulation verbunden? Soll ein Zusammenhang veranschaulicht oder entdeckt und verstanden werden? Geht es um ein einmaliges Betrachten oder um ein wiederholtes Training?

- Welche Funktionsprinzipien sollen abgebildet werden? Wie stark schematisiert muss die Simulation sein, damit diese Wirkprinzipien deutlich bleiben?

- Welche Anwendungssituationen sollen dargestellt werden? Wie realitätsnah muss die Simulation sein, um den Transfer zwischen Kenntnis und Praxis angemessen darstellen zu können?

- Welche Fertigkeiten und Problemlöseverfahren soll die Simulation einüben? Wie groß sollte der Handlungsspielraum der Lernenden bei der Bearbeitung dieser Handlungsaufgabe gesteckt sein?

Fallstudien

Fallstudien veranschaulichen Problemlagen und Anwendungsfelder von Wissen, so dass der Transfer von Wissen zu Können unterstützt werden kann. Mit Hilfe von Fallstudien können Lernende ihre Entscheidungs- und Problemlösefähigkeit erproben, Kenntnisse und Fähigkeit, die bisher nur in der Theorie erworben wurden, anwenden und Konsequenzen ohne die sonst möglichen fatalen Folgen ausprobieren.

Fallstudien laden ein zum experimentellen oder entdeckenden Lernen (vgl. Kapitel 3.2), bei dem Menschen lernen, eine Situation richtig einzuschätzen, Informationsdefizite zu erkennen und auszugleichen und angemessene Handlungsschritte einzuleiten. Sehr häufig betreffen Fallstudien fächerübergreifende Themenstellungen und fördern so einen weiteren Blick über den Tellerrand des jeweiligen Fachgebietes hinaus.

Die klassische Fallstudienarbeit umfasst die Phase der **Konfrontation** mit einem ansprechend oder provokativ formulierten Aufhänger, die **Information** über relevante Daten und Fakten, die **Exploration** durch die Lehrenden, d.h. eine Phase der eigenständigen Auseinandersetzung mit dem jeweiligen Fall, die **Resolution**, d.h. die Auflösung der gestellten Frage oder des Problems, die **Disputation** des Falls und seiner Lösung in der Gruppe und die sog. **Kollation**, d.h. die Überprüfung der getroffenen (Spiel-) Entscheidungen an der Realität.

Auch bei der Arbeit mit Fallstudien ergeben sich für den Bereich des Selbst-Lernens typische Anpassungsprobleme, die es durch ein geschicktes und kreatives didaktisch-organisatorisches Konzept auszugleichen gilt.

Mindestens die Phase der Disputation, d.h. das Moment der Reflexion und Diskussion über die im Verlauf der Fallstudie gesammelten Erfahrungen kann durch reines Selbst-Lernen kaum geleistet werden. Eine gute Gelegenheit, um über das in Fallstudien Erlebte und Erfahrene gemeinsam zu reflektieren und Missverständnisse auszuräumen, bieten Präsenzveranstaltungen. Wenn in Ihrem Selbst-Lernprogramm solche Präsenzphasen nicht vorgesehen sind, erscheint es sinnvoll, sie durch andere Formen der Rückmeldung zu ersetzen. So können die Ergebnisse von Fallstudien z.B. als Hausarbeiten oder Prüfungstexte vorgelegt oder in Chat-Runden besprochen werden. Im Regelfall kann bei Fallstudien auf Beratungen, Rückmeldungen, die Möglichkeit der gemeinsamen Reflexion, aber auch der Korrektur nicht verzichtet werden.

Eine sinnvolle Möglichkeit, Fallstudien in Selbst-Lernprogramme einzubauen, kann z.B. darin bestehen, Lernende, die in einem bestimmten Anwendungsfeld bereits tätig sind (wie dies z.B. in Weiterbildungsprogrammen der Fall sein kann) mit der Beobachtung und Beschreibung eines Problemfeldes zu beauftragen und die bis dato erworbenen Kenntnisse mit diesen Erfahrungen zu verknüpfen.

Zu beachten ist bei der Formulierung von Fällen (vgl. Bonz 1999: 144f.), dass diese möglichst lebensnah gefasst sein sollten und der Interpretation aus Sicht der Lernenden zugänglich sein müssen. In der Regel werden Fälle formuliert, die einen Konflikt oder ein Problem in sich bergen, deren möglichst mehrere Alternativen zulässt. Zu beachten ist natürlich auch, dass der formulierte Fall in der vorgesehenen Zeit und mit den Mitteln der Lernenden angemessen bearbeitet werden kann.

Praxisbeispiel

In unserem Praxisbeispiel könnte die als Einstieg gewählte „Topfmaschinen-Produktion" als durchgehende Fallstudie innerhalb des Selbst-Lernangebotes fortgeführt werden. Zum Beispiel wäre es möglich, den Lernenden schrittweise mit fiktiven Informationen zum Produkt (Motoren) bzw. Lieferanten zu versorgen und ihn auf die Verhandlungssituation vorzubereiten. Am Ende der Lerneinheit könnte dann eine simulierte Verhandlungssimulation stehen.
Hier stoßen die Möglichkeiten multimedialer Angebote allerdings auf ihre Grenzen. Nach wie vor können die zahllosen Interaktionsmöglichkeiten einer realen Handlungssituation zwischen Menschen durch ein Computerprogramm nicht angemessen simuliert werden. Hier wäre es sicher von Vorteil, die Möglichkeiten computergestützter Kommunikation (Chat, Video-Konferenz...) zu nutzen, oder – noch besser – diesen Teil ganz in eine Präsenzveranstaltung zu verlegen[36].

Zu beachten ist bei der Formulierung von Fällen (vgl. Bonz 1999: 144f.), dass diese möglichst lebensnah gefasst sein sollten und der Interpretation aus Sicht der Lernenden zugänglich sein müssen. In der Regel werden Fälle formuliert, die einen Konflikt oder ein Problem in sich bergen, deren möglichst mehrere Alternativen zulässt. Zu beachten ist natürlich auch, dass der formulierte Fall in der vorgesehenen Zeit und mit den Mitteln der Lernenden angemessen bearbeitet werden kann.

---

[36] Non-verbale Signale spielen in Verhandlungssituationen eine große Rolle. Rein textorientierte Simulationen, wie zum Beispiel ein „Chat" bilden einer reale Verhandlungssituation deshalb nur unzureichend ab. Grundsätzlich sind die sogenannten *Soft-Skills*, wie eben die Kommunikationsfähigkeit in der Verhandlungssituation, durch multimediale Selbst-Lernangebote nicht vollständig erlernbar.

- Welche Art von Problemen oder Konflikten können mit dem von Ihnen vermittelten Wissen besonders gut bearbeitet werden?

- Welche reale Situation ist Ihnen bekannt, an der sich dieses Problem oder dieser Konflikt besonders prägnant verdeutlichen lässt?

- Über welche Informationen und welche methodischen Kenntnisse müssen Lernende verfügen, um den konkreten Fall angemessen verstehen und bearbeiten zu können?

- Auf welche Weise lässt sich der Fall so darbieten, dass die Lernenden eigene Erfahrungen oder Vorkenntnisse mit ihm verknüpfen können?

- Welchen Zeitraum sehen Sie für die Bearbeitung der Fallstudie vor?

- Auf der Grundlage dieser Fragestellungen formulieren Sie nun: a) einen Aufhänger, eine Einleitung o.ä. für die Fallstudie, b) die Informationen über den Fall, die Sie den Lernenden an die Hand geben möchten, c) die Aufgabenstellung zur Bearbeitung des Falles.

Trotz der genannten Vorteile des handlungsorientierten Lernens lässt sich empirisch zeigen, dass Lernende den Handlungsaufforderungen häufig nicht folgen und sie schlampig oder gar nicht bearbeiten. Sie empfinden die Bearbeitung solcher Aufgaben häufig als anstrengend und zeitintensiv. Die Aufgabenbearbeitung ist an Situationen gebunden, die sich von der reinen Informationsaufnahme unterscheiden und die sich Lernende u.U. erst selbst schaffen müssen. Ein gewisser Teil der Lernenden pflegt daher bei tutoriell organisierten Selbst-Lernprogrammen Handlungsaufgaben regelmäßig zu überspringen. Diese Gruppe entspricht in vielen Fällen einem Lernertypus, der sich stärker an Prüfungsanforderungen als an inhaltlichen Interessen orientiert, intensiver auf Zeiteffizienz achtet und die Erreichung extern gesetzter formaler Ziele als wichtigste Lernmotivation nennt.

Lernende wägen dabei offenbar den anzunehmenden Nutzen gegen die entsprechenden Kosten (im wesentlichen Zeit) ab. Im Ergebnis wählen sie häufig Strategien bei der Bearbeitung von Übungsaufgaben, die Lockwood als „degradation, deference and inadequacy" (Lockwood 1992: 105f.) beschreibt:

- *Degradation* umschreibt den Versuch der Lernenden, Lernzeit dadurch einzusparen, dass sie Lernaufgaben und den darauf folgenden Lehrkommentar lediglich durchlesen und nur einen halbherzigen Versuch zu seiner Bearbeitung unternehmen. Es ist ihnen dabei durchaus bewusst, dass dieser Versuch, Lernaktivitäten abzukürzen, nicht unproblematisch ist. Sie erkaufen sich die Zeitersparnis u.U. mit dem Verzicht auf wichtige Lernerfahrungen (intellektuelle Kosten), und das Bewusstsein dieser Tatsache hinterlässt mitunter Schuldgefühle.

- *Deference* meint ein Lernverhalten, bei dem Lernende nach vollendeter Bearbeitung der Lernaufgabe ihre eigene Lösung unkritisch zu Gunsten der Musterlösung des Lehrenden verwerfen. Auch hier entstehen durch die damit verbundene Einschränkung des Selbstwertgefühls und die Unterwerfung unter fremde Kriterien „intellektuelle Kosten".

- Mit *Inadequacy* schließlich werden emotionale Kosten bezeichnet, die durch das Bewusstsein entstehen, die Aufgaben nur unvollständig und lückenhaft erledigt zu haben.

Lockwood stellte fest, dass bei den von ihm untersuchten Fällen solche Aufgaben besonders selten beantwortet wurden (nämlich nur von 10–40% der Befragten), die besonders hohe intellektuelle Anforderungen stellten und z.B. Analyse- und Interpretationsleistungen einschlossen. Auch der Aufforderung, Antworten schriftlich niederzulegen, wurde nur von einem Teil der Befragten (30–50%) entsprochen (vgl. Lockwood 1992: 123). Obgleich die Lernenden die entsprechenden Selbst-Lerntexte auch dann durchlasen, wenn sie die Handlungsaufgaben nicht durchführten, fühlten sie sich offenbar von der Zumutung, die Rezeption des Gedankenganges zu eigenen Überlegungen zu unterbrechen, eher gestört. Zeitvorgaben der Autoren zur Bearbeitung der Handlungsaufgaben wurden übrigens weitgehend ignoriert und als irrelevant betrachtet.

Man könnte nun aus diesen Untersuchungen den Schluss ziehen, das Stellen von Handlungsaufgaben entspreche insgesamt den Bedürfnissen der Lernenden nicht und sei daher zu unterlassen. Angesichts der bereits vorgestellten Ergebnisse der Lehr-/Lernforschung, die überzeugend die Bedeutung des aktiven Lernhandelns für den nachhaltigen Erfolg von Lernen bestätigen, vertreten wir hier eine andere Auffassung: Wir nehmen an, dass Handlungsaufgaben, die unverbunden neben nur zu rezipierenden Informationen stehen, wenig erfolgreich sind. Ist bei den Selbst-Lernenden erst einmal eine Konsumentenhaltung erzeugt, die auf die zeiteffiziente, aber vorwiegend passive Aufnahme dargebotenen Wissens geeicht ist, dann lässt sie sich zu gegebenem Zeitpunkt kaum mehr durchbrechen.

Stattdessen fördert eine intensive und systematische Verknüpfung beider Lernformen von der Auswahl der Inhalte bis hin zu ihrer Aneignung und Anwendung eine aktive und lebendige Auseinandersetzung mit dem Lernstoff. Das Handeln muss als sinnvoll für den Lernprozess erkannt werden, damit die passiv-rezeptive Haltung des Nur-Lesens oder Nur-Durchklickens durch ein Lehr-/Lernprogramm durchbrochen werden kann. Dazu ist es notwendig, den Lernenden solche Handlungsaufgaben zu stellen, die innerhalb des Lernprozesses eine logische Funktion haben, d.h. die unmittelbar in die Vermittlung von Lernstoff integriert sind und eine Vielzahl von Bezügen zu anderen Abschnitten des Selbst-Lernprogrammes aufweisen. Die Einbindung der Handlungsaufgaben in den weiteren Lernprozess (z.B. über Hausarbeiten, Präsensphasen, die folgende Darstellung des Lerninhaltes etc.) bietet am ehesten Gewähr dafür, dass Lernende die Relevanz der Lernaktivitäten nicht nur abstrakt erkennen, sondern auch empfinden und sie zum Ausgangspunkt ihres Handelns machen.

Kurz: Den Lernenden muss klar sein, dass die Bearbeitung von Handlungsaufgaben einen notwendigen und unverzichtbaren Bestandteil des Selbst-Lernens darstellt.

Dazu genügt es freilich nicht, die Wichtigkeit einer Aufgabe schlicht zu behaupten oder gar lediglich durch Formatierung herauszustellen (*„Lesen Sie AUF KEINEN FALL weiter, bevor Sie nicht…"*). Stattdessen sollte die Funktion der Aufgabe für den Lernprozess deutlich gemacht werden (*„Suchen Sie nach dem zugrundeliegenden Prinzip, indem Sie… Finden Sie einen eigenen Lösungsweg, dadurch dass Sie"*).

Die Lösungen dieser Aufgaben sollten dann aber nicht drei Zeilen später bekannt gegeben werden! Respektieren Sie die Eigenanstrengung der Lernenden und kommen Sie im weiteren Verlauf des Lernprozesses auf mögliche, aber nicht unbedingt zwingende Schlussfolgerungen der Lernenden zurück.

5.5
Rückmeldungen geben

5.5.1
Die Aufgabe

Beurteilungen der erbrachten Lernleistung haben mindestens zwei Funktionen: Sie sollen sichern, dass die gesetzten Standards erreicht worden sind, um im gegenteiligen Falle Missverständnisse beheben und Lerndefizite frühzeitig erkennen zu können. Und sie sollen die Leistung von Individuen mit denen anderer Gruppenmitglieder vergleichen und u.U. auch eine Rangfolge zwischen diesen errichten. Diese letztere Funktion ist bei Selbst-Lernprogrammen, die sich ja in der Regel an erwachsene Lernende wenden, in den meisten Fällen eher unangemessen.

Stattdessen erfüllen Rückmeldungen über den erreichten Leistungsstand die Aufgabe, den Lernenden, aber auch den Autorinnen und Autoren ein Feed-back über den erreichten Leistungsstand sowie über typische Verständnisprobleme und Lernschwierigkeiten zu geben. Ein gutes Feedback interpretiert Fehlleistungen, gibt Hinweise darauf, wie die Fehler für den Lernprozess fruchtbar gemacht werden können und stellt sicher, dass ein nächster Lernschritt erst dann folgt, wenn der vorausgehende verstanden ist. Auf diese Weise fungieren Testergebnisse innerhalb des Lernprozesses als positive bzw. negative Verstärkung und ermöglichen eine schrittweise, dem eigenen Lerntempo angemessene Folge durch das Lernprogramm. Zugleich schaffen Rückmeldungen das subjektive Gefühl bei den Lernenden, einen Lernschritt erfolgreich abgeschlossen zu haben und vermitteln – im positiven Falle – Motivation zur Fortsetzung des Lernprozesses.

In der Regel werden Rückmeldungen an Stellen des Lernprogrammes eingefügt, an denen Abschnitte aufeinander folgen und z.B. das Wissen um den Sachverhalt y auf die Vermittlung des Wissens um den Sachverhalt x folgt, oder aber dort, wo eine Stufe abgeschlossen und die bereits bearbeiteten Elemente auf einer höheren taxonomischen Ebene integriert werden (z.B. die Wissenselemente xy in ein konzeptuelles Verständnis der entsprechenden Wirkungszusammenhänge überführt werden) (vgl. dazu Horn 1972). Sie sollen es Lehrenden und Lernenden ermöglichen, den bis jetzt erreichten Lernstand zu überprüfen und weiterführende Lernschritte auf gesicherte Grundlagen zu stellen.

In schematisierter Form stellt sich Unterrichtung dann als Abfolge von Information > lernende Auseinandersetzung mit dem Gegenstand > Lernleistung und Rückmeldung dar. Instruktionsprogramme wie etwa der Programmierte Unterricht wurden entsprechend als Lernschleifen konstruiert, bei denen auf eine erfolgreiche Beantwortung von Testfragen ein weiterer Lernschritt, auf fehlerhafte Beantwortung jedoch eine Wiederholung des Stoffes folgte.

In einigen Programmen können Lernende nur dann die nächst komplexere Lernzielebene erreichen, wenn sie die vorherige Stufe erfolgreich bewältigt haben. Andere Programme liefern je nach Fehlertyp zusätzliche Metainformationen zum Lernprozess (z.B. Informieren über Lernziele, Querverweise, Kommentare etc.) oder weitere, ergänzende Lernaufgaben.

Konsens besteht darüber, dass Tests nicht nur Aussagen über den Wissensstand bezüglich des konkreten Fragegegenstandes zulassen sollten. Stattdessen sollten die richtige oder falsche Lösung einer

 5 Selbst-Lernmaterialien gestalten

Testaufgabe auch Prognosen darüber erlauben, ob die Lernenden das neu erworbene Wissen auch auf andere Aufgaben des gleichen Schwierigkeitsgrades im bzw. auf real vorhandene Problemstellungen transferieren könne (Glaser 1973a: 64; Kulkarni 1973: 88).[37]

Nur so kann festgestellt werden, ob der Lernende einen Lernschritt des vorgegebenen Programmes erfolgreich bewältigt habe und gleichzeitig zum Transfer des erworbenen Wissens auf reale Situationen in der Lage ist. Die bis hierhin geschilderte Abfolge von Leistung und Leistungskontrolle lässt sich allerdings nicht auf jedes didaktische Design anwenden.

Die schematisierte Abfolge von Lernen > Lernaktivitäten > Kontrolle wird offenen und handlungsorientierten didaktischen Konzeptionen eher nicht gerecht. Offene Lehr-/Lernarrangements lassen naturgemäß auch offene Lernschritte zu, die je individuelle Interpretationen und Denkleistungen fördern. Eine kleinschrittige Überprüfung nach dem Schema *richtig/falsch* ist hier häufig nicht möglich. Gleichwohl bieten Rückmeldungen auch im handlungsorientierten Unterricht Lernenden wie Lehrenden Hinweise darauf, ob und an welcher Stelle Wiederholungen sinnvoll sein können, um Lerndefizite zu einem frühen Zeitpunkt zu beheben. Und auch in offenen Lehr-/Lernarrangements wird es die Lernenden interessieren, inwieweit sie den gestellten Anforderungen entsprechen.

Solche lernförderlichen Effekte von motivationalen Anreizen sind übrigens in der pädagogischen Theorie nicht unumstritten. Insbesondere Funktion und Wirkung extrinsischer Motivation wird je nach lerntheoretischem Standpunkt unterschiedlich beurteilt. Einige Autoren und Autorinnen argumentieren z.B. Belohnungen, Gratifikationen oder auch standardisierten Lobes würden vom erwachsenen Lernenden bald durchschaut und hätten langfristig eine eher negative Wirkung. Selbst bei kleinen Kindern wirkt ein wiederholtes „Toll gemacht" im Lernprogramm, in Verbindung mit leuchtenden oder blinkenden Bildschirmen nur kurzfristig motivationssteigernd.

Eine längerfristige Wirkung haben solche *Belohnungen* nur, wenn es sich um wirkliche Herausforderungen bzw. Wettbewerbe handelt. Je nach Lerntyp ist dabei der Vergleich bzw. der Wettbewerb mit anderen wichtig. Das BWL-Planspiel CABS z.B. arbeitet mit dieser Ranking-Methode auf der Basis der ständigen Vergleichbarkeit von Punktzahlen über Internet. Problematisch sind solche Anreize allerdings bei misserfolgsängstlichen Lernenden, die sich ungern einem

---

[37] Die entsprechende Frage lautet: „Können Studenten, die ein bestimmtes Programm durchgearbeitet haben, auch Aufgaben, die einer anderen Aufgabenpopulation angehören, aber auf der gleichen Definition des Kriterium-Verhaltens beruhen, lösen?" (Kulkarni 1973: 88).

Leistungswettbewerb stellen. Ein Ausweg wäre, ein solches Instrument als *Kann-Funktion* einzusetzen.

In letzter Konsequenz allerdings sind Rückmeldungen dann besonders hilfreich, wenn sie sich überflüssig gemacht haben, d.h.: wenn Lernende selbst gelernt haben, sich und ihr (Lern-) Handeln kontinuierlich zu evaluieren und nach Möglichkeiten der Selbstkontrolle Ausschau zu halten. Die Reflexion der eigenen Lern- und Arbeitserfahrungen trägt nicht nur zur Optimierung der Leistungen bei, indem sie Flüchtigkeitsfehler vermindert, sondern sie bietet selbst erhebliche Lernpotenziale. Wer gelernt hat, mit eigenen Leistungen (in angemessenem Ausmaß) aufmerksam und kritisch umzugehen, wird langfristig effizienter und produktiver lernen und arbeiten.

Eine solche kritische Haltung gegenüber den eigenen Leistungen stützt sich dann nicht ausschließlich auf externe Kontrolle, sondern macht die inhaltliche Qualität des Lernens und Arbeitens zur Richtschnur der Eigenevaluation. Nicht alle Lernenden bringen allerdings eine solche innere Aufmerksamkeit gegenüber den eigenen Leistungen und deren inhaltlicher Bedeutung in den Lernprozess mit ein.

Analog zu den Lerntypen im Hinblick auf die Bearbeitung von Lernaufgaben unterscheidet Lockwood (1992: 198) zwischen solchen Lernenden, die Kontrollaufgaben (Tutor Marked Assignments, TMA) bewusst wahrnehmen und ggf. bearbeiten (TMA Aware) von einem selektiv arbeitenden Lernertypus, der seine Lernaktivitäten stark an den Kontrollaufgaben orientiert und aus deren Formulierung Hinweise auf bevorstehende Prüfungen abzuleiten sucht (TMA Dominated). Diese Lernenden beschreiben ihr Lernverhalten so, dass sie als ersten Schritt Kontrollaufgaben suchen und das Studienmaterial dann selektiv auf Informationen hin absuchen, die mit den in der Aufgabe explizierten Lernzielen übereinstimmen. Auch Exzerpte und Randnotizen dieser Lernenden beziehen sich häufig auf die in der Kontrollfrage deutlich gewordenen Lernanforderungen, während Lehrinhalte, die sich nicht explizit auf die Kontrollfragen beziehen, tendenziell übergangen werden. Die Lernenden selbst betrachten diese Arbeitsweise häufig als unbefriedigend, aber unter pragmatischen Aspekten für das Bestehen der Prüfungen als effizient. Dagegen orientieren sich Lernende vom Typus „TMA Aware" stärker an inhaltlichen Interessen, arbeiten das gesamte Material systematisch durch und setzen Lernerfolg nicht notwendig mit guten Testergebnissen gleich. Lernende dieses Typus beschrieben Kontrollaufgaben häufig als zu restriktiv und zu punktuell auf Teilaspekte des Themas bezogen (ebda.).

Als Entwicklerin oder Entwickler eines Selbst-Lernprogrammes können Sie die Orientierung und Lernstrategie der Lernenden zwar nicht direkt steuern. Sie können aber mit der Formulierung Ihrer Fragen, Arbeitsaufgaben und Rückmeldungen dazu beitragen, dass ein ausgewogenes Verhältnis zwischen Oberflächen- und Tiefenlernen zu nachhaltig wirksamen Lernergebnissen führt.

5.5.2
Handlungsschritte und Leitfragen

Leitfragen und Praxishinweise

Bei der Formulierung von Kontrollfragen und Rückmeldungen sollten Sie folgende Aspekte berücksichtigen:

- Zentralität und Reliabilität der Kontrollfragen: Fragen oder Aufgaben sollten sich auf die grundgelegten Lernziele und -inhalte beziehen, d.h. nicht etwa solche Aspekte abfragen, die zwar leicht überprüfbar, aber für den Lernprozess nur von marginaler Bedeutung sind.

- Angemessener Schwierigkeitsgrad der Aufgaben. Zu schwere Fragen missachten die bisher erbrachte Lernleistung und führen zu Frustrationen. Allzu „triviale" Fragen, d.h. solche Wiederholungsfragen, die sich unmittelbar auf den soeben dargestellten Lernstoff beziehen und deren Beantwortung nicht mehr als eine Wiedergabe des Erinnerten notwendig macht, werden von Lernenden häufig in eher ritualisierter Form beantwortet. Eine aktive Auseinandersetzung mit dem Lernstoff wird auf diese Weise nicht provoziert (vgl. Morgan 1995: 113).

- Sachadäquates Maß an Geschlossenheit versus Offenheit der Fragestellung: Manche Inhalte und Lernziele verlangen ein relativ hohes Maß an Offenheit der Fragestellung, andere dagegen legen eine gewisse Engführung der Antworten nahe. Kritikfähigkeit misst man nicht mit Multiple-Choice-Fragen, Rechenergebnisse dagegen durchaus. Wünschenswert ist es an dieser Stelle, die Ökonomie der Auswertung nicht zum Maßstab pädagogischen Handelns werden zu lassen.

- Lernförderlichkeit der Rückmeldungen. Die Lösungshinweise oder Korrekturen sollten inhaltlich begründet und so ausgelegt sein, dass sie ein Lernen aus Fehlern begünstigen. Nur in wenigen Fällen sind Rückmeldungen wie „leider falsch, versuchen Sie es noch einmal" hilfreich. Als lernwirksamer, weil der Logik der Sache entsprechender, erweisen sich in der Regel Rückmeldungen, die Konsequenzen aus bestimmten Handlungen deutlich machen (der Fahrsimulator fährt gegen die Leitplanke, die errechnete Gesamtmenge bringt das Gefäß zum Überlaufen o.ä.). Intelligente Rückmeldungen verweisen auf Fehlerursachen und legen bestimmte Lernschritte zur Wiederholung nahe. Wenn Sie „Belohnen" wollen, dann dosieren Sie dieses Mittel sorgfältig. Belohnen Sie nur grundlegende, wichtige Erfolge.

6 Ausblick

Wenn Sie nun alle Arbeitsschritte bewältigt haben, die in den vorausgegangenen Kapiteln beschrieben wurden – mit der gebührend kritischen Reflexion und denjenigen Variationen, die Ihre eigene Arbeitssituation, das Thema Ihres Selbst-Lernprogrammes, die organisatorischen Durchführungsbedingungen und die Voraussetzungen der Zielgruppe nahe legen – dann haben Sie die Arbeit bei weitem noch nicht abgeschlossen.

Unterstellen wir, Sie hätten (wie in Kapitel 4.2 beschrieben) das Gesamtprogramm konfektioniert und geplant. Sie haben für den von Ihnen angebotenen Bildungsgang ein Profil erstellt, das beschreibt, welche Kenntnisse und Fertigkeiten die Absolventinnen und Absolventen beherrschen bzw. welche Handlungskompetenzen sie erwerben sollen. Sie haben Ihre institutionellen, formalen und informellen Kontakte dadurch intensiviert, dass Sie Ihr Programm mit kooperierenden oder/und konkurrierenden Institutionen verglichen und womöglich abgestimmt haben.

Die Rahmenstruktur für Ihr Gesamtprogramm ist definiert, klar gegliedert und in sich stimmig aufgebaut. Sie haben, falls Ihnen dieses sinnvoll erschien, diese Rahmenstruktur in einzelne Lehrmodule untergliedert, deren Folge und Aufbau nicht nur Ihnen, sondern auch Ihren potenziellen Kundinnen und Kunden geläufig und transparent ist.

Der Bezug der Lerninhalte und der von Ihnen vergebenen Zertifikate ist so erkennbar und eindeutig auf den Erwerb von Handlungskompetenzen und nachgefragten Wissensbeständen ausgelegt, dass Sie das von Ihnen angebotene Produkt überzeugend vermarkten können.

Und Sie haben schließlich (wie in Kapitel 6 ausführlich dargelegt) das eigentliche Selbst-Lernmaterial entwickelt und ausformuliert. Dabei haben Sie den Nutzen, den Ihr Lernangebot für die Lernenden haben soll, ganz obenan gestellt. So ist für die Lernenden jederzeit erkennbar, mit welchem Gewinn sie sich einen Wissensbereich aneignen. Und für Sie selbst bietet der deklarierte Bildungswert des Programmes jederzeit die innere Richtschnur Ihrer Darlegungen.

Sie haben in instruktionistischer Manier Informationen dargeboten. Dabei haben Sie berücksichtigt, dass Selbst-Lernende ein Angebot häufig auf der Grundlage relativ klar definierter Informationsbedürfnisse aktiv auswählen. Diesem Bedürfnis sind Sie insofern gerecht geworden, als Sie dicht und präzise relevante Fakten und Regeln *(deklaratives Wissen)* gelehrt, aber auch Zusammenhänge und Trends *(konzeptuelles Wissen)* sowie Methoden und Verfahren *(prozedurales Wissen)* vermittelt haben. In Informationsphasen haben Sie bewusst auch auf traditionelle Formen der Wissensvermittlung zurückgegriffen.

Sie haben die Art und Weise, wie Sie den Lernstoff präsentierten, stets am Grundsatz von der Kongruenz zwischen Methode, Inhalt und Lehr-/Lernarrangement (also den organisatorischen, sozialen und ressourcen-technischen Bedingungen des Lernens) ausgerichtet. Wenn Sie sich für eine Methode, eine Kommunikationsform oder eine Darbietungsweise entschieden haben, dann nicht nur deswegen, weil die technische oder finanzielle Möglichkeit dazu bestand (oder aber, weil es so bequemer war), sondern weil Sie dem Thema, der Zielgruppe, den Lernbedingungen und Ihnen selbst als Lehrendem entsprach.

Ihre Lernschleifen sind aber mit dieser Informationsphase nicht abgeschlossen. Es folgen Handlungsphasen,[38] mit deren Hilfe die Lernenden höhere Stufen der Durchdringung, Übertragung, Anwendung oder kritischen Betrachtung des Lernstoffes erreichen können. Zwar sind Sie beim Stellen dieser Handlungsaufgaben auf beachtliche Restriktionen und Schwierigkeiten gestoßen, die sich aus dem besonderen Charakter des Selbst-Lernens ergeben. Denn offene Lernformen, die ein Experimentieren, eigenständige Problemlösungen und Interpretationen der Lernenden zulassen, machen eine differenzierte Beratung und Begleitung durch die Lehrenden erforderlich, die im Rahmen von Selbst-Lernprogrammen mitunter schwer zu realisieren ist.

Andererseits ist Ihnen die Bedeutung dieser offenen Lernformen sehr bewusst: Schließlich ist Ihr gesamtes Lehrprogramm darauf ausgelegt, dass die Lernenden das neu erworbene Wissen und Können auch anwenden und produktiv nutzen. Sie werden also ohnehin in komplexen und realen Handlungssituationen tätig werden. Es liegt nahe, diese Anwendungen anfangs möglichst in einem etwas geschützten oder zumindest begleiteten Rahmen stattfinden zu lassen, um das Risiko von frustrierenden Fehlversuchen zu verringern.

---

[38] In Einzelfällen kann sich diese Reihenfolge natürlich auch umdrehen.

Sie haben daher einige Mühe darauf verwandt, Handlungssituationen zu konzipieren, in denen eine solche Übertragung des Wissens in realen Umsetzungen systematisch erprobt und begleitet werden kann. Solche Lernaktivitäten ermöglichen eine gezielte Verknüpfung von Erkennen und Erfahren – ein Spannungsfeld, in dem sich Wissen nicht nur festigt und erweitert, sondern das den Lernenden Gelegenheit bietet, Neues nicht nur zur Kenntnis zu nehmen, sondern sich damit tatsächlich auseinander zu setzen und den Lernstoff in seiner je subjektiven Bedeutung zu verinnerlichen. Erst in dem wechselseitigen Bezug von Wissen und Erfahrung entsteht die Chance zu nachhaltig wirksamen Lernerlebnissen, bei denen neue Kenntnisse und Fertigkeiten in bestehende Wissensnetze integriert und langfristig bereitgestellt werden können.

Und schließlich haben Sie sichergestellt, dass die Lernenden an besonders prägnanten Stellen Rückmeldungen darüber erhalten, ob Sie die geforderten Lernschritte angemessen bewältigt haben, so dass Defizite rasch erkannt und beseitigt werden können.
Dies alles haben Sie getan und dennoch bleibt noch viel zu tun:

Wir spielen hier nicht darauf an, dass Formatierung, Programmierung und Design eines Selbst-Lernprogrammes ganz erstaunliche Zeit- und Kraftressourcen in Anspruch nimmt. Diese Aspekte werden auch von uns wenig gewürdigt, obgleich wir darum wissen, dass die sorgfältige und professionelle Fertigstellung eines solchen Produktes aufwändig, langwierig und teuer ist. Sehr häufig wird diese Tatsache gerade von staatlichen Bildungseinrichtungen nicht genügend berücksichtigt. Dann werden Mitarbeiterinnen und Mitarbeiter ‚nebenher‘ mit der Umsetzung der Lehrprogramme betreut, worunter nicht nur besagte Mitarbeiter in ganz erheblichem Umfang leiden, sondern auch die Qualität der Programme.

Gemeint ist vielmehr folgendes: Lernende benötigen in der überwältigenden Mehrzahl der Fälle mehr als ein Selbst-Lernprogramm. Nur wenige von ihnen werden die Disziplin, das mentale Vermögen und den notwendigen Ehrgeiz aufbringen, um sich den Lernstoff ganz alleine anzueignen. Dies gilt insbesondere dann, wenn der Lernprozess sich über längere Zeiträume und umfangreiche Inhalte erstreckt.

Selbst-Lernprogramme müssen inhaltlich schon sehr interessant, ihre Zertifikate sehr attraktiv und die Lernenden sehr motiviert sein, um über wirklich lange Zeiten mit den sonstigen Anforderungen des alltäglichen Lebens konkurrieren zu können, wenn die Lernenden dabei vollständig auf sich selbst verwiesen sind.

Die Bedeutung des sozialen Kontaktes in einer Lerngruppe, der Möglichkeit, sich mit Rückfragen oder eigenen Beiträgen an die Lehrenden wenden zu können, die emotionale Unterfütterung durch persönliche Kontakte darf bei vielen Lernenden nicht unterschätzt werden.

Wann immer Sie die Möglichkeit haben, sollten Sie daher solche Kontakte selbst z.B. in Präsenzphasen, Beratungsgesprächen, e-mail-Kontakten oder der Korrektur von Einsendeaufgaben knüpfen. Sie sollten aber auch darum besorgt sein, Beziehungen zwischen den Teilnehmerinnen und Teilnehmern eines Selbst-Lernprogrammes zu ermöglichen. Hier bieten sich Einführungsveranstaltungen in Präsenzform, die Bereitstellung von Chats oder List-Servern oder auch nur von Kontaktadressen an.

Alle diese Aktivitäten sind ausgesprochen arbeitsintensiv und bei ökonomisch relevanten Gruppengrößen durchaus nicht nebenbei zu erledigen. Sie erfordern ein Maß an Betreuung, persönlicher Aufmerksamkeit und Engagement, das dem in herkömmlichen Bildungseinrichtungen nicht nachsteht. Umso wichtiger ist, die Betreuung der Lernenden während der Bearbeitung der Selbst-Lernprogramme von vorneherein in der Planung zu berücksichtigen.

Nicht zuletzt profitieren Entwicklerinnen und Entwickler von Selbst-Lernprogrammen selbst davon, wenn sie mit ihren Kundinnen und Kunden in Kontakt kommen, von Fortschritten und Schwierigkeiten erfahren und so die Ergebnisse ihrer Bemühungen miterleben.

Literatur

Aebli, Hans (1983): Zwölf Grundformen des Lehrens: eine allgemeine Didaktik auf psychologischer Grundlage, Stuttgart

Ausubel, David P. (1974): Das Kindesalter. Fakten, Probleme, Theorie, München

Balli, C./Storm, U. (1994): Zur Entwicklung des Fernunterrichts in der Bundesrepublik Deutschland, orientiert an den Aufgaben des Bundesinstituts für Berufsbildung. In: Zimmer, G. (Hrsg.): Vom Fernunterricht zum Open Distance Learning. Eine europäische Initiative. Informationen zum beruflichen Fernunterricht, Heft 21, BIBB, Bielefeld 1994, S. 35–96

Ballin, Dieter/Brater, Michael (1996): Handlungsorientiert lernen mit Multimedia: Lernarrangements planen, entwickeln u. einsetzen, Nürnberg

Berger, Peter/Luckmann, Thomas (1970): Die gesellschaftliche Konstruktion der Wirklichkeit. Eine Theorie der Wissenssoziologie, Frankfurt am Main

BIBB (Bundesinstitut für berufliche Bildung) (1990 bis 2000): Berufsbildungsbericht, Berlin

Bönsch, Manfred (1974): Zielorientiertes Lernen mit Hilfe spezieller Unterrichtsmethoden, München

Bonz, Bernhard (1999): Methoden der Berufsbildung. Ein Lehrbuch, Stuttgart

Clement, Ute (1999): Die transnationale Kommunizierbarkeit des Berufes. Verständigungsprobleme im globalen Dorf, in: Zeitschrift für Pädagogik, 40. Beiheft, 1999, S. 209–231

Clement, Ute (1999): Virtuelle Hochschule – ganz offen, in: Das Hochschulwesen 47(1999)5: 143–148

Clement, Ute/Martens, Bernd (1999): Viel Lärm um was? Zur Faszination und Perspektive von Multimedia in der Hochschullehre, in: Leviathan. Zeitschrift für Sozialwissenschaft 27(1999)4: 537–555

Clement, Ute/Martens, Bernd (2000): Effizienter Lernen durch Multimedia? Probleme der empirischen Feststellung von Ursachen des Lernerfolges, in: Zeitschrift für Pädagogik 46(2000)1: 97–112

Collins, A./Brown, J.S./Newman, S. E. (1993): Cognitive Apprenticeship: Teaching the crafts of reading, writing an mathematics, in: Resnick, L.B. (Hg.): Knowing, learning and instruction, Norwood

Deitering, Franz G. (1995): Selbstgesteuertes Lernen, Göttingen

Delling, B. (1962): Über die Lehrmethoden im Fernunterricht, Hamburg-Rahlstedt

Delling, R. M. (1985): Fernstudium in der Weimarer Republik, Hagen

Dichanz, H. (1994): Konzepte offenen Lernens. Chancen und Grenzen im Fernunterricht. In: Zimmer, G. (Hrsg.): Vom Fernunterricht zum Open Distance Learning. Eine europäische Initiative. Informationen zum beruflichen Fernunterricht. Heft 21, BIBB, Berlin/Bonn, S. 179–191.

Dohmen, Günther (1970): Fernstudium im Medienverbund. Entlastung und Reformanstoß für die Hochschulen, Weinheim

Dohmen, Günther (1997): Lebenslanges Lernen in: Günther, W./ Mandl, H. (Hrsg.): Telelearning. Aufgabe und Chance für Bildung und Gesellschaft. Bonn, S. 19–30.

Duffy, T./Jonassen, D. (1992): Constructivism: New Implications for Instructional Technology. In: Duffy, T./Jonassen, D. (eds.): Constructivism and the Technology of Instruction. A Conversation, Hillsdale, S. 108–122

Edelmann, Walter (1993): Lernpsychologie, Weinheim

Euler, Dieter (1993): Didaktik des computerunterstützten Lernens. Praktische Gestaltung und theoretische Grundlagen, Nürnberg

Flammer, August (1990): Erfahrung der eigenen Wirksamkeit. Einführung in die Psychologie der Kontrollmeinung, Bern

Freibichler, Hans (1976): Aufgabenarten bei objektivierten Lehr- und Testverfahren: Kriterien zur Auswahl und Planung von Lehrsystemen, Hannover

Friedrich, Helmut Felix/Mandl, Heinz (1990): Psychologische Aspekte autodidaktischen Lernens, in: Unterrichtswissenschaft 18(1990)3: 197–218

Gerstenmaier, Jochen/Mandl, Heinz (1995): Wissenserwerb unter konstruktivistischer Perspektive, in: Zeitschrift für Pädagogik 41(1995)6: S. 867–888

Girgensohn-Marchand, Bettina (1996): Der Mythos Watzlawick und die Folgen. Eine Streitschrift gegen systemisches und konstruktivistisches Denken in pädagogischen Zusammenhängen, Weinheim

Glaser, Robert (1973): Unterrichtstechnologie und die Messung von Lernergebnissen: Einige Fragen, in: Strittmatter, Peter (Hg.): Lernzielorientierte Leistungsmessung, Weinheim, S. 9–14

Glaser, Robert (1973a): Ein kriteriumbezogener Test, in: Strittmatter, Peter (Hg.): Lernzielorientierte Leistungsmessung, Weinheim, S. 62–68

Greif, Siegfried (1996): Minimale Informations- und Leittexte, in: Greif, Siegfried/Kurtz, Hans-Jürgen (Hg.): Handbuch selbstorganisierten Lernens, Göttingen, S. 24–39

Greif, Siegfried (1996a): Selbstorganisationstheorien, in: Greif, Siegfried/Kurtz, Hans-Jürgen (Hg.): Handbuch selbstorganisierten Lernens, Göttingen, S. 53–66

Greif, Siegfried/Kurtz, Hans-Jürgen (Hg.)(1996): Handbuch selbstorganisierten Lernens, Göttingen

Grzesik, Jürgen (1976): Die Steuerung von Lernprozessen im Unterricht, Heidelberg

Gudjons, Herbert (1994): Handlungsorientiert lehren und lernen: Schüleraktivierung – Selbsttätigkeit – Projektarbeit, Bad Heilbrunn

Hacker, Winfried/Skell, Wolfgang (1993): Lernen in der Arbeit, Berlin

Holzkamp, Klaus (1993): Lernen. Subjektwissenschaftliche Grundlegung. Frankfurt am Main/New York

Hoops, Wiklef (1996): Konstruktivismus. Ein neues Paradigma für didaktisches Design? Deutsches Institut für Fernstudienforschung (DIFF), Tübingen

Horn, Ralf (1972): Lernziele und Schülerleistung, Weinheim/Basel

Klimsa, Paul (1993): Neue Medien und Weiterbildung. Anwendung und Nutzung in Lernprozessen der Weiterbildung, Weinheim

Klimsa, Paul (1995): Multimedia: Anwendungen, Tools und Techniken, Reinbek bei Hamburg

Kloas, Peter-Werner (1997): Modularisierung in der beruflichen Bildung, BIBB, Bonn/Berlin

Kulkarni, Sharadehandra S. (1973): Kriterium-Tests und Programmiertes Lernen, in: Strittmatter, Peter (Hg.): Lernzielorientierte Leistungsmessung, Weinheim, S. 81–91

Lockwood, Fred (1992): Activities in self-instructional texts, London

Merril, Paul (1992): Computers in education, Boston

Morgan, Alistair (1995): Student Learning and Students Experience, in: Lockwood, Fred (Hg.): Open and Distance Learning Today, London

Ortner, Gerhard (1992): Multimediales Lehren und autonomes Lernen – Perspektiven einer realen Utopie, in: BIBB – Generalsekretär (Hg.): Multimediales Lernen in neuen Qualifizierungsstrategien. Enwicklungstendenzen und Lösungswege, Berlin/Bonn

Ott, Bernd (1995): Ganzheitliche Berufsbildung: Theorie und Praxis handlungsorientierter Techniklehre in Schule und Betrieb, Stuttgart

Peters, Otto (1973): Die didaktische Struktur des Fernunterrichts. Untersuchungen zu einer industrialisierten Form des Lehrens und Lernens, Weinheim

Peters, Otto (1997): Didaktik des Fernstudiums: Erfahrungen und Diskussionsstand in nationaler und internationaler Sicht /Otto Peters. – Neuwied

Picht, Georg (1964): Die deutsche Bildungskatastrophe, München

Prenzel, Manfred (1993): Autonomie und Motivation im Lernen Erwachsener, in: Zeitschrift für Pädagogik 39(1993)2: 239–253

Reetz, Lothar (1996): Wissen und Handeln. Zur Bedeutung konstruktivistischer Lernumgebungen in der kaufmännischen Berufsausbildung, in: Beck, Klaus u.a. (Hg.): Berufserziehung im Umbruch, Weinheim, S. 173–187

Renkl, Alexander (1996): Wenn träges Wissen nicht genutzt wird, in: Psychologische Rundschau 1996(47), S. 78–92

Rogers, Carl R. (1974): Lernen in Freiheit: zur Bildungsreform in Schule und Universität, München

Schulmeister, Rolf (1997): Grundlagen hypermedialer Lernsysteme. Theorie. Didaktik. Design, München

Tausch, Reinhard/Tausch, Anne-Marie (1988): Wege zu uns und zu anderen: Menschen suchen sich selbst zu verstehen und anderen offener zu begegnen, Reinbek bei Hamburg

Tausch, Reinhard/Tausch, Anne-Marie (1991): Erziehungspsychologie: Begegnung von Person zu Person, Göttingen

Volpert, Walter (1987): Zauberlehrlinge: die gefährliche Liebe zum Computer, Weinheim

Volpert, Walter (1989): Entwicklungsförderliche Aspekte von Arbeits- und Lernbedingungen, in: Lipsmeier, Antonius (Hg.): Lernen und Arbeiten, Beiheft 8 zur Zeitschrift für Berufs- und Wirtschaftspädagogik: S. 117–134

Wedemeyer, C. (1989): Lernen durch die Hintertür. Neue Lernformen in der Lebensspanne. Weinheim/Basel

Zimmer, G. (1994): Vom Fernunterricht zum Offenen Fernlernen – ein europäischer Methoden- und Paradigmenwechsel. In: Zimmer, G. (Hrsg.): Vom Fernunterricht zum Open Distance Learning. Eine europäische Initiative. Informationen zum beruflichen Fernunterricht, Heft 21, BIBB Bielefeld, S. 7–35

Zimmermann, Werner (1977) Von der Curriculumtheorie zur Unterrichtsplanung, Paderborn

Abbildungsverzeichnis

Index[*]

* Bei Mehrfachnennungen sind Seitenzahlen im Fettdruck von besonderer Relevanz